Mii Anmak N...
Huellas del pasa...
Footsteps From the F...

Jwanya Kumiai Kuwak
Cuentos Kumiai de Baja California
Kumeyaay Stories of Baja California

A Trilingual Collection in Kumeyaay, Spanish, & English Edited by Margaret Field

Mii Anmak Nyamak Kweyiwpo
Jwanya Kumiai Kuwak

Huellas del Pasado Hacia el Futuro
Cuentos Kumiai de Baja California

Footsteps From the Past into the Future
Kumeyaay Stories of Baja California

A TRILINGUAL COLLECTION IN KUMEYAAY, SPANISH, & ENGLISH EDITED BY MARGARET FIELD

Storytellers
Zeferina Aldama Cuero
Jovita Aldama Machado
Aurora Meza Calles
Emilia Meza Calles
Jon Meza Cuero

Introduction
Michael Wilken Robertson

Preface
Margaret Field

Spanish translation of Introduction & Preface
Gerardo Chavez

linguists/transcribers/translators
Margaret Field
Ana Daniela Leyva
Amy Miller

SAN DIEGO STATE UNIVERSITY PRESS | 2019

Mii Anmak Nyamak Kweyiwpo: Jwanya Kumiai Kuwak (Huellas del pasado hacia el future : cuentos Kumiai de Baja California; Footsteps From the Past into the Future: Kumeyaay Stories of Baja California): A Trilingual Collection In Kumeyaay, Spanish, & English Edited by Margaret Field is published by San Diego State University Press

No part of this book may be used or reproduced in any manner whatsoever without prior permission from San Diego State University Press. These permissions are waived in the case of brief quotations embodied in critical articles and reviews.

San Diego State University Press publications may be purchased at discount for educational, business, or sales promotional use. For information write SDSU Press Next Generation Publishing Initiative (NGPI), San Diego, California 92182-6020.

Copyright © 2019 Hyperbole Books & San Diego State University Press. All rights reserved.

hype.sdsu.edu | sdsupress.sdsu.edu | facebook.com/sdsu.press

Cover and Book Design by Guillermo Nericcio García, memogr@phics designcasa

Cover photography: *"Footprints" by Filipe.Ramos is licensed under CC BY 2.0*

ISBN-13: 978-1-938537-84-4
ISBN-10: 1-938537-84-X

FIRST EDITION PRINTED IN THE UNITED STATES OF AMERICA

Kumeyaay Texts/Textos Kumiai

Table of Contents/Índice de Contenidos

Storytellers/Narradores 3

Preface/Prefacio 5
By/por Margaret Fiel
Spanish Translation by/Traducción al Español por Gerardo Chavez-Velazco

Introduction/Introducción 13
By/por Michael Wilken-Robertson
Spanish Translation by/Traducción al Español por Gerardo Chavez-Velazco

Jewak Jasilhy Uman/Los Gemelos del Mar/The Twins from the Sea 24
Narrated by/Narrador Aurora Meza Calles
English Translation by/ Traducción al Inglés por Margaret Field
Spanish Translation by/Traducción al Español por Ana Daniela Leyva Gonzalez, con la ayuda de Emilia, Yolanda y Norma Meza Calles

Mattpi Yak/Esta Tierra Aquí/This Land Here 32
Narrated by/Narradoras Emilia and/y Aurora Meza Calles English Translation by/ Traducción al Inglés por Margaret Field
Spanish Translation by/Traducción al Español por Ana Daniela Leyva Gonzalez, con la ayuda de Emilia, Yolanda y Norma Meza Calles

Kuri Kuri Akwey Yaw/ El Rescate de Kuri Kuri/The Rescue of Kuri Kuri 40
Narrated by/Narrador Emilia Meza Calles
English Translation by/ Traducción al Inglés por Margaret Field
Spanish Translation by/Traducción al Español por Ana Daniela Leyva Gonzalez, con la ayuda de Emilia, Yolanda y Norma Meza Calles

Jarachiiw/ Godornicito/ Quail Chick 43
Narrated by/Narrador Aurora Meza Calles
English Translation by/ Traducción al Inglés por Amy Miller
Spanish Translation by/Traducción al Español por Amy Miller y Ana Daniela Leyva Gonzalez, con la ayuda de Emilia, Yolanda y Norma Meza Calles

Hanya Mejan Tapaa/ Sapo Enamorado/ Frog in Love 53
Narrated by/Narrador Jon Meza Cuero
English Translation by/ Traducción al Inglés por Margaret Field
Spanish Translation by/Traducción al Español por Ana Daniela Leyva Gonzalez, con la ayuda de Emilia, Yolanda y Norma Meza Calles

Ñemii Jentil/ Gato Montes/ Wildcat 58
Narrated by/Narrador Jovita Aldama Machado
English Translation by/ Traducción al Inglés por Margaret Field
Spanish Translation by/Traducción al Español por Ana Daniela Leyva Gonzalez, con la ayuda de Zeferina Aldama Cuero

Lhya'aa Uñelhy/ Eclipse   **60**

Narrated by/Narrador Zeferina Aldama Cuero
English Translation by/ Traducción al Inglés
por Margaret Field
Spanish Translation by/Traducción al Español por Ana Daniela Leyva Gonzalez

Chepap *Octubre*/ El Cuatro de Octubre/ The Fourth of October   **62**

Narrated by/Narrador Jovita Aldama Machado
English Translation by/ Traducción al Inglés
por Margaret Field
Spanish Translation by/Traducción al Español por Ana Daniela Leyva Gonzalez, con la ayuda de Zeferina Aldama Cuero

Sukwiñ Uxwaak/ Ollas Rotas/ Broken Pots   **66**

Narrated by/Narrador Emilia Meza Calles
English Translation by/ Traducción al Inglés
por Margaret Field
Spanish Translation by/Traducción al Español por Ana Daniela Leyva Gonzalez, con la ayuda de Emilia Meza Calles

Endnotes/Notas   **72**

The Storytellers

Aurora Meza Calles

Zeferina Aldama Cuero

Jon Meza Cuero

Emilia Meza Calles

Jovita Aldama Machado

In memory of Aurora Meza Calles Zeferina Aldama Cuero and Jon Meza Cuero

En memoria de Aurora Meza Calles Zeferina Aldama Cuero y Jon Meza Cuero.

Preface

This collection of Kumeyaay (or Kumiai, in Spanish orthography) texts is the result of a decade-long and ongoing collaboration between fluent Kumiai speakers living in Baja California, where the language is still spoken on an everyday basis in some communities, and researchers from various fields in both the U.S. and Mexico. Funded initially with a major grant from the National Science Foundation[1] to linguists Margaret Field and Amy Miller, the project began in 2009 with three years of intensive recording in several Baja Kumiai communities. The initial goal of our project was to record as many hours as possible of various types of naturally-occurring discourse, from narratives to conversation and instructional talk, across various communities, to learn more about the different varieties of Kumiai spoken in each traditional community. From the beginning we figured the best way to do this was to allow community members to choose who and what to record, so we gave away digital recorders to community members and encouraged people to record their elder relatives. Anthropologist Mike Wilken-Robertson, who has been collaborating with these same communities for almost three decades now, and helped in conceptualizing the project, played a major role in training people to make recordings and also recorded dozens of hours of videotaped interaction himself. This kind of collaborative approach to fieldwork resulted in our collecting multiple examples of what Scott Lyons (2000) has termed "rhetorical sovereignty" which, as he defines it, means the following:

> [Allowing] Indians to have some say about the nature of their textual representations. ... As the inherent right and ability of peoples to determine their own communicative needs and desires in the pursuit of self-determination, rhetorical sovereignty requires above all the presence of an Indian voice, speaking or writing in an ongoing context of colonization and setting at least some of the terms of debate. Ideally, that voice would often employ a Native language. (2000:54)

This volume presents a few of the recorded texts, from two traditional Kumiai communities in

---

[1] NSF grant #BCS-0753853.

particular: Juntas de Nejí, which lies in the Guadalupe Valley about 30 miles south of the border, and La Huerta, the southernmost Kumiai community in Baja California, about another 90 minutes drive from Nejí. In addition to these two local varieties of Kumiai we have a story from Jon Meza Cuero, who lived on both sides of the border and whose speech reflects words from multiple communities.

These transcribed texts are the result of many, many hours of linguistic fieldwork, a process in which trained linguists together with fluent speakers go over recordings in minute detail, listening to them repeatedly one line at a time and transcribing them while attempting to retain as much as possible of the original storytelling style; for example, including pauses and repetition, as well as some aspects of intonation, while identifying new vocabulary and discussing its meaning, which is often connected to Kumeyaay/Kumiai worldview. For example, the common expression "it's raining", *kwii p'aw* literally translates to "a cloud is standing" because clouds are sentient in Yuman worldview, and when they rain they are perceived as standing over the spot they are raining on. Another example is the term for wild animals, (as opposed to domesticated ones) *kwak gentil*, literally "gentile animals," meaning unbaptized and so, by extension, undomesticated, in the opinion of the Kumeyaay/Kumiai ancestors who escaped missionization and created this term.

The second stage of the project was made possible by a generous grant from the Hans Rausing Foundation's[2] Endangered Language Documentation Project at the University of London's School of Oriental and African Studies (SOAS), who also sponsor the archive where all of the recordings are kept and available online to the public. However, since internet access is not generally available in Baja Kumiai communities, we felt that this publication was necessary in order to share the results of our collaboration and especially to honor the memory of some contributors who have passed on in recent years.

The majority of the stories in this volume come from Kumiai women, who, for various reasons, make up the majority of fluent speakers today. Through reading the stories, some of which are autobiographical, the reader may divine what some of these reasons are- for the most part, they did not attend much school, nor did they learn Spanish until later in their lives, but rather continued speaking Kumiai throughout the

---

2 Award MDP0291.

entirety of their lives, living on their traditional lands.

The stories in this collection come from two families: the Meza Calles family of Nejí (Jon Meza Cuero was an uncle of the Meza sisters), and the Aldama family of La Huerta. All four of the Meza Calles sisters, Emilia, Aurora, Norma and Yolanda, helped to translate the traditional stories *Los Gemelos del Mar* (*The Twins from the Sea*), *El Rescate de Kuri Kuri* (*The Rescue of Kuri Kuri*), and *Esta Tierra Aquí* (*This Land Here*) as told by Emilia and Aurora. The autobiographical narrative *Ollas Rotas* (*Broken Pots*) was narrated by Emilia Mcza as told to her by her great-aunt Genoveva Calles-Cuero, and translated by Emilia as well. Amy Miller, who transcribed many more texts than I have for this project, has contributed one story to this volume[3] "*Godornicito*" (*Quail Chick*), a traditional coyote story narrated by Aurora Meza. The Meza sisters' uncle, Jon Meza Cuero, whose dialect is very unique due to the fact that he spent his life in multiple Kumeyaay communities on both sides of the border, also contributed the story *Sapo Enamorado*, (*Frog in Love*).

From the community of La Huerta, several stories were recorded by Josefina ("Kacho") Muñoz Aldama, mainly from conversation between her mother Zeferina and her great-aunt Jovita Aldama. The traditional story *Gato Montes* (*Mountain Lion*) as well as the autobiographical *Cuatro de Octubre* (*Fourth of October*) were narrated by Jovita Aldama and translated by her niece, Zeferina Aldama. Zeferina also contributed her own commentary on traditional beliefs about the impact of a lunar eclipse on pregnant women -*Eclipse*. All of the contributors to this volume are over fifty years of age; Jovita Aldama, in her 80's, is now the eldest. In 2016-2017 we lost Zeferina Aldama and Aurora and Jon Meza, each one an immeasurable loss not only for us and their families, but for the Kumeyaay language, which becomes more endangered with the passing of every fluent speaker.

This volume is presented in three languages, Kumeyaay, Spanish and English. The transcription of Kumeyaay and translation from Kumeyaay into English for eight of the stories was done by Margaret Field; Amy Miller

---

[3] Amy Miller is currently working on Quechan language revitalization among a host of other Yuman language projects and publications.

transcribed and translated the story *"Quail Chick" (Godornicito)*. The Spanish translations of the texts were provided with the very generous assistance of linguist Ana Daniela Leyva Gonzalez from the Instituto Nacional de Antropología y Historia (INAH) in Ensenada. The introduction and preface were translated by Gerardo Chavez-Velazco. The trilingual format of the book reflects the fact that the Kumeyaay/Kumiai community today is divided by an international border, so that Kumeyaay people in the U.S. for the most part only speak English, just as the majority of the Mexican Kumiai community only speaks Spanish. It is our sincere hope that all of these communities (12 on the U.S. side and 5 in Mexico) as well as non-indigenous readers, will appreciate the beauty and poignancy of these texts. Providing them in Kumeyaay language as well also makes them useful for language teaching purposes. An explanation of the orthography used is in order, as currently there is more than one writing system in existence for Kumeyaay/Kumiai. North of the border, the orthography most commonly employed was created by Margaret Langdon in collaboration with Ted Couro, from the Mesa Grande tribe. However, this orthography is problematic for readers used to Spanish orthography, so in Mexico, some symbols have changed, namely, the *ll* used by Langdon to represent a voiceless lateral (*l*) has been changed to *lh*. Kumeyaay/Kumiai has two of these, the second one being palatalized: *lhy*. In Baja California most Kumiai speakers prefer to use a *j* instead of an *x* or an *h*, and so in this volume I have made this change for *x*'s and *h*'s that are either at the beginning or in the middle of words, but I have kept the very important word-final *x*, which indicates irrealis aspect (similar to future tense in English or Spanish), to facilitate language teaching purposes. I hope this compromise will be acceptable to readers on both sides of the border. Finally, the sound represented by the two letters *ny*, in Langdon's writing system, is represented by *ñ* as in Spanish orthography.

Prefacio

Esta colección de textos kumiai (o kumeyaay, en inglés) es el resultado de la colaboración aún en marcha de una década entre hablantes kumiai que viven en Baja California, donde la lengua todavía se habla de forma diaria en algunas comunidades, e investigadores de diversos campos tanto en México como en los EUA. Financiado inicialmente con una subvención importante de la Fundación Nacional para la Ciencia de los EUA (NSF[4]) otorgada a las lingüistas Margaret Field y Amy Miller, el proyecto comenzó en 2009 con tres años de grabaciones intensivas en varias comunidades kumiai de Baja California. La meta inicial de nuestro proyecto era grabar tantas horas como fuera posible de diversos tipos de discursos que ocurren naturalmente, desde narraciones hasta conversaciones y charlas instructivas, a lo largo de varias comunidades, para aprender más acerca de las diferentes variantes del kumiai hablado en cada comunidad tradicional. Desde el inicio comprendimos que el mejor modo para hacerlo era permitir a los miembros de las comunidades escoger a quien y que grabar, de modo que entregamos grabadoras digitales a los miembros de las comunidades y alentamos a las personas a grabar a sus parientes mayores. El antropólogo Mike Wilken-Robertson, quien ha estado colaborando con estas mismas comunidades por casi tres décadas, y que ayudó en la conceptualización del proyecto, jugó un papel importante en entrenar a las personas a hacer grabaciones y también grabó docenas de horas de interacciones en video. Este tipo de enfoque colaborativo en el trabajo de campo resultó en nuestra recopilación de múltiples ejemplos de lo que Scott Lyons (2000) ha llamado "soberanía retorica" la cual, como el la define, significa lo siguiente:

> [Permitir] a los indígenas tener algo que decir acerca de la naturaleza de sus representaciones textuales. ... Como el derecho inherente y la capacidad de los pueblos para determinar sus propias necesidades y deseos comunicativos en la búsqueda de la autodeterminación, la soberanía retórica requiere sobre todo la presencia de la voz indígena, hablada o escrita en un contexto continuo de colonización y estableciendo por lo menos alguno de los términos de debate. Idealmente, esa voz frecuentemente emplearía una lengua nativa. (2000:54)

Este libro presenta unos pocos de los textos grabados, de dos comunidades tradicionales

---

[4] Subvención NSF #BCS-0753853.

kumiai en particular: Juntas de Nejí, que está al norte del valle de Guadalupe aproximadamente a 30 millas al sur de la frontera México-EUA, y La Huerta, la comunidad kumiai más al sur en Baja California alrededor de otros 90 minutos manejando desde Nejí. Además de estas dos variantes locales de kumiai tenemos una historia de Jon Meza Cuero, quien vivió en ambos lados de la frontera y su habla reflejaba palabras de múltiples comunidades.

Estos textos transcritos son el resultado de muchas, muchas horas de trabajo lingüístico de campo, un proceso en el cual los lingüistas entrenados junto con los hablantes con fluidez revisan cada parte de la grabación en detalle, escuchándolas repetidamente una línea a la vez y transcribiéndolas mientras intentan retener lo máximo posible del estilo original de narración; por ejemplo, incluyendo pausas y repeticiones, así como muchos aspectos de entonación, mientras se identifica vocabulario nuevo y se discute su significado, el cual es frecuentemente conectado con la cosmovisión kumiai/kumeyaay. Por ejemplo, la expresión común 'está lloviendo", *kwii p'aw* se traduce literalmente a "una nube está de pie" porque las nubes son sensibles en la cosmovisión yumana, y cuando estas producen lluvia estas son percibidas como de pie sobre el lugar donde están dejando caer la lluvia. Otro ejemplo es el termino para los animales silvestres, (en oposición a los domesticados) *kwak gentil*, literalmente "animales gentiles", que significa no bautizados y asimismo, por extensión, no domesticados, en la opinión de los ancestros kumiai/kumeyaay que escaparon la misionalización y crearon este término.

La segunda etapa de este proyecto fue posible por la subvención generosa de la Fundación Hans Rausing[5] del Proyecto de Documentación de las Lenguas Amenazadas en la Escuela de Estudios Africanos y Orientales (SOAS) de la Universidad de Londres, quien también patrocina el archivo donde todas las grabaciones se encuentran guardadas y disponibles al público en línea. Sin embargo, ya que generalmente el acceso a internet no está disponible en las comunidades kumiai de Baja California, sentimos que esta publicación era necesaria para compartir los resultados de nuestra colaboración y especialmente para honrar la memoria de algunos participantes quienes han fallecido en años recientes.

La mayoría de las historias en este libro provienen de mujeres kumiai, quienes, por varias razones, conforman la mayoría de los

---

[5] Adjudicación MDP0291

hablantes con fluidez hoy en día. A través de la lectura de las historias, algunas de las cuales son autobiográficas, el lector puede adivinar que algunas de estas razones son –que en su mayoría, ellas no fueron mucho a la escuela, ni tampoco aprendieron español sino hasta más tarde en sus vidas, y que más bien continuaron hablando kumiai a lo largo de toda su vida, viviendo en sus tierras tradicionales.

Las historias de esta colección proviene de dos familias: la familia Meza Calles de Nejí (Jon Meza Cuero era tío de las hermanas Meza) y de la familia Aldama de La Huerta. Las cuatro hermanas Meza Calles, Emilia, Aurora, Norma y Yolanda, ayudaron a traducir la historia tradicional *Los gemelos, El rescate del kuri kuri, y Mattpi yak* (*Esta tierra aquí*) como eran contadas por Emilia y Aurora. La narración autobiográfica *Ollas rotas* fue narrada por Emilia Meza como le fue contada por su tía abuela Genoveva Calles-Cuero, y traducida por Emilia también. Amy Miller, quien transcribió muchos más textos que los que yo traduje en este proyecto, ha contribuido con una historia en este libro[6] "Godornicito", una historia tradicional del coyote narrada por Aurora Meza. El tío de las hermanas Meza, Jon Meza Cuero, cuyo dialecto es excepcional debido al hecho que paso su vida en múltiples comunidades kumiai en ambos lados de la frontera, también contribuyo a la historia del *Sapo enamorado*.

De la comunidad de La Huerta, varias historia fueron grabadas por Josefina (Kacho) Muñoz Aldama, principalmente de la conversación entre su madre Zeferina y su tía abuela Jovita Aldama. La historia tradicional *Gato montés* y también la autobiográfica *Cuatro de octubre* fueron narradas por Jovita Aldama y traducidas por su sobrina, Zeferina Aldama. Zeferina también contribuyó con sus propios comentarios sobre las creencias tradicionales acerca del impacto del eclipse lunar en las mujeres embarazadas en *Eclipse*. Todos los colaboradores de este libro tienen más de cincuenta años de edad, Jovita Aldama, en sus 80s, es actualmente la más anciana. En 2016-2017 perdimos a Zeferina Aldama y a Aurora y Jon Meza, cada uno una perdida inconmensurable no sólo para nosotros y sus familias, sino también para la lengua kumiai, la cual se vuelve más amenazada con el fallecimiento de cada hablante con fluidez.

Este libro es presentado en tres lenguas: kumiai, español e inglés. La transcripción del kumiai y la

---

[6] Amy Miller está actualmente trabajando en la revitalización de la lengua Quechan entre una multitud de publicaciones y otros proyectos de lenguas yumanas.

transcripción de kumiai al inglés para ocho de las historias fue hecha por Margaret Field; Amy Miller trascribió y tradujo la historia *Godornicito*. La traducción al español de los textos fue realizada con la muy generosa ayuda de la lingüista Ana Daniela Leyva del Instituto Nacional de Antropología e Historia (INAH) en Ensenada. La introducción y el prefacio fueron traducidos por Gerardo Chávez. El formato trilingüe del libro refleja el hecho de que la comunidad kumiai/kumeyaay está dividida hoy en día por una frontera internacional, de modo que el pueblo kumeyaay en los EUA en su mayoría sólo habla inglés, justo como la mayoría de la comunidad kumiai en México sólo habla español. Nuestra sincera esperanza es que todas estas comunidades (12 en los EUA y 5 en México) así como los lectores no indígenas, apreciaran la belleza e intensidad de estos textos. Proporcionarlos en lengua kumiai también los hace útiles para la enseñanza de idiomas.

Es necesaria una explicación de la ortografía utilizada, ya que actualmente existe más de un sistema de escritura para el kumiai/kumeyaay. Al norte de la frontera, la ortografía más comúnmente empleada fue creada por la lingüista Margaret Langdon en colaboración con Ted Couro, de la tribu de Mesa Grande. Sin embargo, esta ortografía es problemática para los lectores acostumbrados a la ortografía en español, así que en México, algunos símbolos han cambiado, a saber, la doble *ll* usada por Langdon para representar una lateral muda (*l*) ha sido cambiada a *lh*. El kumiai/kumeyaay tiene dos de estas, la segunda siendo palatalizada: *lhy*. En Baja California la mayoría de los hablantes kumiai prefieren usar una *j* en lugar de *x* o una *h*, así que en este libro he hecho este cambio para las *x* y las *h* que están ya sea al principio o en medio de las palabras, pero he conservado la muy importante *x* al final de la palabra, la cual indica el aspecto irrealis (similar al tiempo futuro en español o en inglés), para facilitar la enseñanza de idiomas. Espero que este compromiso sea aceptable por los lectores en ambos lados de la frontera. Finalmente, el sonido representado por las dos letras *ny*, en el sistema de escritura de Langdon, está representado por *ñ* como en la ortografía del español.

Introduction

Michael Wilken-Robertson

This welcome collection of Kumiai oral narratives provides us with a rare glimpse into the vibrant world of Kumiai oral literature. How have Kumiai people imagined the creation of the world, the establishment of relations between deities, humans, animals and even the celestial orbs? How are more recent events remembered and given meaning in Kumiai consciousness? These collective ways of thinking have been transmitted across the generations from ancient times to the present, through times of continuity as well as times of drastic change.

They also reflect the talents of individual storytellers, who have breathed life into the stories to keep listeners spellbound on long winter nights, the time reserved for the telling of tales. Fortunately, some Kumiai have continued to share these stories orally, but very few have been documented in writing since the relatively recent arrival of written language systems to the region. This "new" way of transmitting stories may sacrifice some of the humor and emotion that characterizes oral performance, but it gives us hope that some form of these precious stories will be passed on to future generations. In spite of the limitations of the written form, the presentation here of painstakingly transcribed and translated stories in Kumiai, Spanish and English makes it possible for readers to hear authentic voices and appreciate the knowledge, originality and style of each narrator.

Like oral tradition genres from around the world, Kumiai narratives express key ideas central to local cultures. Origin mythologies explain how the world came to be; legends remind us of the important deeds of larger-than-life culture heroes; explanatory narratives show how otherwise inexplicable phenomena such as eclipses or musical traditions fit into local cosmology; folk tales entertain, educate and inculcate; oral histories provide an indigenous perspective of important events in the life of a people; and personal narratives allow us to understand an individual's experience as part of a distinct culture. All of these genres are found in Kumiai oral tradition, as the reader will discover in the pages of this book.

The Kumiai version of the Southern Californian Creation myth narrated here by the late Aurora Meza Calles contains several elements identified by Don Laylander (2001) as recurring themes of this widely distributed narrative. Most of the narratives mentioned by Laylander were recorded over a century ago, yet *The Twins from the Sea* is a version that has been kept alive in the remote ranches of Baja California's Kumiai communities well into the 21st century. The creator gods, unlike the omniscient gods of monotheistic religions, are much more human-like in their attempts and foibles, and must work hard at each task, often making mistakes along the way. These very human attributes help explain why we live in an imperfect world today. As the narrator explains, "That one was creating the world (but) he really didn't know how."

> "Iii, it's really cold older brother!
> Make a sun!"
> "It would be nice to be warm, (elder brother) said, and then, ooh, elder brother ran.
> He made land and he was kneading it, He made (it) and he threw it to the East.
> (But) it slid and fell off. "It's falling off!" (elder brother) said.
> He was (like): "Oh no! It's falling, it's really falling! Younger brother, why is it doing that?" he said.
> Then younger brother (said), "Aah, bring it, bring it," he said.
> He gave him (some) earth and he kneaded it and (when) he finished, he pursed his little mouth,
> and he pulled out one moustache hair, and he put this in the middle of a round tortilla (of clay), they say.

> *He threw it and it stuck to the sky, they say, it stuck to the sky.*

At one point the younger brother exclaims, "Oh, older brother, It's really hard, why do we want to create the world?" A reading of the written version of this story might suggest utter despair and surrender, however the video recording of the performance of this story makes it clear that storyteller Aurora Meza and her audience find the brothers' antics quite hilarious.

This Land Here is a fragment of an epic myth in which a complicated family history leads to the evolution of the world as we know it. Early on, when the world was still being formed, animals with very human personalities populated the land. According to the storyteller, "those animals that live in the wild, they were people, this is how it began."

Dove, returning from gathering seeds for her two boys, finds Cricket singing to them, and thinking to protect the boys, she throws him down to destroy him. The boys cry in protest, so she clumsily attempts to put him back together, which explains why crickets still look and act the way they do:

> *She picked up the cricket and stuck (his) body (together) again.*

*She made a mistake and that's why,
(crickets have) short and crooked
legs,
his legs and body where she stuck
them together, were ugly, and she
threw him, she threw him.
He jumped and chirped.... This
invented jumping.*

The story eventually takes on elements of the Flute Lure myth, which according to Laylander (2001) is found throughout northern Baja California, southern California and the western Arizona region. The distinctively Kumiai version narrated here reflects the unique perspective of local Kumiai storytellers Emilia and Aurora Meza Calles within the broader context of regional native oral tradition.

Even the traditional singing genre known today as "bird songs" has mythical origins, according to a story from Emilia Meza. *The Rescue of Kuri Kuri* tells the story of how birds, butterflies and coyote helped form this particular style of gourd songs and the dances that accompany them. As a prophecy is fulfilled, a twinkling line of butterflies passes through a house specially prepared by birds who are the embodiment of ancient people. But as usual, Coyote's vanity causes him to make a mess of things.

*So he (coyote) ran and jumped, and
swallowed three butterflies that were
left.
He grabbed them and swallowed
them, and this is why, (Tiipay) people
sing short songs....*

The story glitters with imagery of birds and butterflies, a magical explosion at dawn and coyote running, jumping and dancing.

Throughout the Californias and the greater Southwest, a familiar cast of animal characters inhabit the region's rich legacy of folk tales, often featuring Coyote in a leading role. These are stories that come alive when told by a gifted storyteller, always entertaining while at the same time setting examples of proper (or improper) behavior. *The Quail Chick* tells the tale of a clever young chick who outsmarts Coyote and even tricks him into eating his own shoes. The precocious chick saves his own life by literally thinking on his feet, encoding important qualities for young listeners.

A favorite folktale often recounted by singer and storyteller Don Juan Carranza (AKA Jon Meza) tells of the proposed marriage of the sun and the moon, and frog-person's objection to this potentially disastrous matrimony. In *Frog in Love*, Don Juan's animated descriptions of each of the different animals in the story, and in particular those of frog and his wife as they hopped their way up a mountain to the wedding site, provide pure entertainment value for these stories that were surely told many times around flickering fires on cold winter nights.

> *Now the people, tell an old story, an old story, a long time ago, long ago,*
> *...the sun was going to marry the moon.*
> *There were no people then, no people, none.*
> *Just animal-people. Animals but, they were like people.*

Fortunately, Don Juan passed this story and the songs that go with it to his Kumiai students on both sides of the US-Mexico border, ensuring that they will continue to be enjoyed by future generations.

The story of *Wildcat* provides an example of how a seemingly simple explanatory narrative can contain a series of culturally significant elements that give deeper meanings for members of the community where they are told but may be puzzling to readers who are unfamiliar with local traditions. Jovita Aldama explains the oddly bobbed tail of the wildcat in relation to the tradition of cutting one's hair short as an expression of mourning, a pattern found not only among the Kumiai but also among many other Native American groups. She also mentions that the wildcats were original *Jat'aam*, the name of one of the prominent clans of her community, and to which she belongs through her father's lineage.

Indigenous peoples the world over have strong beliefs about the causes and meanings of eclipses. These usually represent dangerous times when a precarious imbalance in the natural world impinges on human affairs. Zeferina Aldama's *Eclipse* is a remembrance of her ancestors' explanation of the causes and effects of a lunar eclipse, evoking a grand cosmic battle between the moon and the devil. It is a time when pregnant women should stay inside to protect their unborn child.

Some narratives describe important events in the life of a community, such as the annual *Fourth of October* held in La Huerta, a Kumiai community of Baja California. Jovita Aldama describes the festivities, which are believed to include the participation of deceased ancestors:

> *The spirit (of the deceased) stands there among the people,*
> *s/he is happy, s/he is here, nevertheless.*
> *S/he's there beside you and you (might) think otherwise,*

> *(but) you think of the person,*
> *they are there so that you won't be*
> *sad.*

People came on horseback or even barefoot from all over the region to enjoy the food, traditional singing and dancing, rituals and conviviality. Like other Kumiai communities with their annual events, La Huerta's October 4th event continues to be held most years, often attracting native and non-native people alike from neighboring towns and ranches.

In *Broken Pots*, Emilia Meza remembers the words of her great aunt, in a touching personal reflection on change and the challenges of being Indian and a woman when so much of Kumiai culture has been shattered:

> *Now as you go climb mountains you see,*
> *broken pots and things that have fallen,*
> *there are grinding rocks,*
> *there are metates,*
> *there are big grinding rocks,*
> *for many years they say they have been*
> *there,*
> *strong and broken.*
> *Here they are made of this land here,*
> *and that's why,*
> *they are still very strong," she said.*
>
> *We are, we are a little bit .. (like)*
> *broken clay pots,*

> *like pots ... broken on the ground....*

Genoveva never had the opportunity to learn to write, because in her day only men went to school, however her powerful words continue to resonate through the oral narration of her grand-niece Emilia.

These stories are truly a gift from the Kumiai ancestors as well as their contemporary descendants, the unsung heroes who continue to pass them along in their original mother tongue. May they continue to delight and enlighten those who would listen for the authentic voices that resonate in them.

Michael Wilken-Robertson
January, 2019

INTRODUCCIÓN

Por Michael Wilken Robertson

Esta colección bienvenida de narrativas orales kumiai nos proporciona un vistazo poco común hacia el interesante mundo de la literatura oral kumiai. ¿Cómo han imaginado los pueblos kumiai la creación del universo? ¿Cómo el establecimiento de relaciones entre deidades, humanos, animales e incluso los cuerpos celestiales? ¿Cómo son recordados eventos más recientes y dado significado en la conciencia kumiai? Esta manera colectiva de pensamiento ha sido trasmitida a través de generaciones desde tiempo antiguos hasta el presente, durante tiempos de estabilidad así como en tiempos de cambios drásticos.

Ellos también reflejan los talentos de los cuentacuentos individuales, que han dado vida a las historia para mantener a los oyentes hechizados en las largas noches de invierno, el tiempo reservado para contar cuentos y leyendas. Afortunadamente, algunos kumiai han continuado compartiendo estas historias oralmente, pero muy pocas han sido documentadas de forma escrita desde la llegada relativamente reciente del sistema del lenguaje escrito a la región. Esta "nueva" manera de transmitir historias puede sacrificar algo del humor y la emoción que caracteriza las interpretaciones orales, pero nos da la esperanza de que alguna forma de estas historias preciosas será transmitida a las generaciones futuras. A pesar de las limitaciones de la forma escrita, estas presentaciones de historias meticulosamente transcritas y traducidas al kumiai, español e inglés hace posible para los lectores escuchar voces auténticas y apreciar el conocimiento, originalidad y estilo de cada narrador.

Tal como en los géneros de tradición oral alrededor del mundo, las narrativas kumiai expresan ideas clave esenciales para las culturas locales. Las mitologías del origen explican cómo se creó el mundo; las leyendas nos recuerdan de las acciones importantes de los héroes culturales impresionantes; las narrativas explicativas muestran como fenómenos de otra forma inexplicables tales como los eclipses o las tradiciones musicales encajan en la cosmogonía local; las leyendas populares entretienen, educan e inculcan; las historias orales proporcionan una perspectiva indígena sobre eventos importantes en la vida de una persona; y las narrativas personales nos permiten entender una experiencia de un individuo como parte de una cultura diferente. Todos estos géneros son encontrados en las tradiciones orales kumiai, como lo descubrirá el lector en las páginas de este libro.

La versión kumiai del mito de la creación sud californiana narrada aquí por la finada Aurora Meza Calles contiene varios elementos identificados por Don Laylander (2001) como temas recurrentes en esta narrativa ampliamente distribuida. La mayoría de las narrativas mencionadas por Laylane fueron grabadas hace más de un siglo, aun así *Los gemelos del mar* es una versión que había sido mantenida viva en los ranchos remotos de las comunidades kumiai de Baja California bien entrado el siglo XXI. Los dioses creadores, a diferencia de los dioses supremos de las religiones monoteístas, son mucho más parecidos a los humanos en sus intenciones y manías, y deben trabajar duro en cada tarea, frecuentemente cometiendo errores a lo largo del camino. Estos atributos muy humanos ayudan a explicar por qué vivimos hoy en un mundo imperfecto. Como la narradora explica: "Ese estaba creando el mundo (pero) no sabía realmente como hacerlo."

"¡Uy, hace mucho frío hermano mayor! ¡Haz un sol!"
"Sería bueno estar abrigado, (hermano mayor) dijo, Oh, sí, el hermano mayor corrió.
Él hizo tierra y la amasó, lo hizo y lo lanzó al este.
(Pero) se resbalaba y se caía. "¡Se está cayendo!" (el hermano mayor) dijo.
Él estaba (como): "¡Oh, no! Se está cayendo, realmente se está cayendo!
Hermano menor, ¿Por qué está haciendo eso?" él dijo.
Dicen que el hermano menor (dijo), "Ah, tráelo, tráelo", dijo.
Le dio (algo) de tierra y la amasó y (cuando) terminó,
frunció su pequeña boca, y se quitó un pelo del bigote,
y lo puso en medio de una tortilla redonda (de barro), dicen.
Lo tiró y se pegó al cielo, dicen, se pegó al cielo.

En un momento el hermano menor exclama: "Oh, hermano mayor, esto es muy difícil, ¿por qué queremos crear el mundo?" Una lectura de la versión escrita de esta historia podría sugerir desesperación total y rendición, sin embargo la grabación en video de la interpretación de esta historia pone en claro que la cuenta cuentos Aurora Meza y su audiencia encuentran a las payasadas de los hermanos completamente divertidas.

Esta tierra aquí es un fragmento de un mito épico en el cual una historia de una familia complicada lleva a la evolución del mundo como lo conocemos. En un principio, cuando el mundo todavía estaba siendo formado, animales con personalidades muy humanas habitaban la tierra. De acuerdo al cuenta cuentos "esos animales que viven en el monte, eran gente, así es como empezó todo."

Una paloma, que regresaba de recoger semillas para sus dos hijos, encuentra a un grillo cantando les y pensando en proteger a los niños, lo tiró para destruirlo. Los niños gritaron en protesta, así que ella intenta torpemente volverlo a armar, lo cual explica porque los grillos todavía se ven y actúan de la manera que lo hacen:

> *Agarró al grillo y pegó su cuerpo otra vez.*
> *Se equivocó y por eso, (los grillos tienen) patas cortas y torcidas,*
> *(sus) patas y cuerpo donde juntó (las patas al cuerpo), quedó feo, y lo tiró, lo tiró.*
> *Él brincó y chirrió... así inventó los saltos.*

La historia eventualmente toma elementos del mito de *La flauta y el señuelo*, el cual de acuerdo a Laylander (2001) es encontrado a lo largo del norte de Baja California, el sur de california y en la región occidental de Arizona. La distintiva versión kumiai narrada aquí refleja la perspectiva única de los cuentacuentos kumiai locales Emilia y Aurora Meza Calles dentro de un contexto más amplio de la tradición oral nativa.

Hasta el género de canto tradicional conocido actualmente como "canto de pájaro" tiene origines míticos, de acuerdo a una historia de Emilia Meza. El rescate del Kuri Kuri cuenta una historia de cómo los pájaros, las mariposas y el coyote ayudaron a formar este estilo particular de canciones de bule y las danzas que las acompañan. Tal como una profecía es cumplida, una parpadeante hilera de mariposas pasa a través de una casa especialmente preparada por pájaros que son la personificación de personas ancianas. Pero como siempre, la vanidad del coyote lo lleva a hacer un desastre de las cosas.

> *Entonces (el coyote) corrió y brincó, y tragó las tres mariposas que quedaban.*
> *Las agarró y tragó, y por eso, la gente (Tiipay) canta canciones cortas...*

La historia brilla con imágenes de aves y mariposas, una explosión mágica al atardecer y el coyote corriendo, brincando y bailando.

A través de las Californias y el gran suroeste americano, un reparto conocido de personajes animales habita el rico legado de las leyendas populares de la región, frecuentemente presentando al coyote en el papel estelar. Estas son historias que cobran vida cuando son contadas por un narrador talentoso, que siempre entretiene mientras que al mismo tiempo da ejemplos del comportamiento apropiado (o inapropiado). *El Godornicito* cuenta la leyenda de un joven pollo inteligente que es más listo que el coyote y hasta lo engaña para que se coma su propio zapato. El pollito precoz salva su vida literalmente pensando sobre la marcha, programando cualidades importantes para los oyentes jóvenes.

Un cuento popular favorito frecuentemente contado por el cantante y narrador Don Juan Carranza (alias Jon Meza) cuenta de la propuesta de matrimonio del sol y la luna, y la objeción de un sapo-persona a este matrimonio potencialmente desastroso. En *El sapo enamorado*, las descripciones animadas de Don Juan de cada uno de los diferentes animales en la historia y en particular los del sapo y su esposa mientras saltaban hacia la cima de una montaña al lugar de la boda, proporciona un valor de entretenimiento puro para estas historias que seguramente fueron contadas muchas veces alrededor de fuegos chispeantes en noches invernales frías.

> *Ahora la gente, cuenta un cuento muy viejo,*
> *un cuento viejo, de mucho tiempo atrás,*
> *... el sol se iba a casar con la luna.*
> *No había gente en este tiempo, gente no, nadie.*
> *Solo animales-gente, animales pero, eran como gente.*

Afortunadamente Don Juan transmitió su historia y las canciones que van con ella a sus estudiantes kumiai en ambos lados de la frontera México-EUA, asegurándose que continuarán siendo disfrutadas por las generaciones futuras.

La historia del *Gato montés* proporciona un ejemplo de como una narrativa explicativa aparentemente simple puede contener una serie de elementos culturales importantes que tiene un significado más profundo para los miembros de la comunidad donde son contadas, pero puede ser desconcertante para los lectores que no están familiarizados con las tradiciones locales. Jovita Aldama explica la cola extrañamente corta del gato salvaje en relación a la tradición de cortarse el pelo corto como una expresión de duelo, un patrón encontrado no solo entre los kumiai sino también entre muchos otros grupos nativos americanos. Ella también menciona que los gatos monteses eran originalmente *Jat'aam*, el nombre de uno de los clanes prominentes de su comunidad y al cual ella pertenece a través del linaje de su padre.

Los pueblos indígenas de todo el mundo tienen fuertes creencias acerca de las causas y significados de los eclipses. Estos generalmente representan tiempos peligrosos cuando un desequilibrio precario en el mundo natural incide sobre los asuntos humanos. *Eclipse* de Zeferina Aldama es un recuerdo de la explicación de sus ancestros sobre las causas y efectos de un eclipse lunar, evocando una gran batalla cósmica entre la luna y el diablo. Es el tiempo cuando las mujeres embarazadas deben permanecer al interior para proteger a su hijo por nacer.

Algunas narrativas describen eventos importantes en la vida de la comunidad, tal como la fiesta anual de La Huerta el *Cuatro de octubre*, una comunidad kumiai de Baja California. Jovita Aldama describe las festividades, que se cree incluye la participación de los ancestros muertos:

> *El espíritu (del finado) se encuentra entre la gente,*
> *está contento, está aquí sin embargo.*
> *Está al lado de ti y (podrías) pensar en otra cosa,*
> *(pero) pienses en la persona,*
> *están ahí para que no estés triste.*

La gente viene a caballo o hasta a pie desde toda la región para disfrutar la comida, los cantos y danzas tradicionales, los rituales y el convivio. Así como otras comunidades kumiai con sus eventos anuales, el evento del 4 de julio de La Huerta continúa realizándose la mayoría de los anos, atrayendo frecuentemente a personas nativas y no nativas por igual desde pueblos y ranchos vecinos.

En *Ollas rotas*, Emilia Meza recuerda las palabras de su tía abuela, en una reflexión personal conmovedora sobre los cambios y los retos de ser indígena y mujer cuando mucha de la cultura kumiai ha sido devastada:

> *"Ahora cuando subes los cerros ves,*
> *ollas rotas y cosas que se han caído,*
> *hay morteros, hay metates,*
> *hay unos morteros muy grandes,*
> *dicen que ha estado ahí por mucho tiempo,*
> *fuertes y rotos.*
> *Aquí están hechos de esta tierra,*
> *y es por eso que,*
> *están todavía muy fuertes," así dijo*
>
> *Nosotros, nosotros somos un poco (como)*
> *ollas de barro rotas,*
> *como ollas ... rotas en el piso...*

Genoveva nunca tuvo la oportunidad de aprender a escribir, porque en sus días solamente los hombres iban a la escuela, sin embargo sus palabras poderosas continúan resonando a través de la narración oral de su sobrina nieta Emilia.

Estas historias son verdaderamente un regado de los ancestros kumiai así como de sus descendientes contemporáneos, los héroes desconocidos que continúan a trasmitirlos en su lengua materna original. Que ellos puedan seguir deleitando e ilustrando a aquellos que escucharían las voces auténticas que resuenan en ellos.

Michael Wilken-Robertson
January, 2019

Jewak Jasilhy Uman	**Los Gemelos del Mar**	**The Twins From the Sea**
Jwaño jewak jasilhy uman teñewey matt uchow,	La historia de los gemelos que vinieron del mar e hicieron el mundo,	The story of the twins who came from the sea and made the world,
ñip kenap taniiw.	eso contamos nosotros.	We tell this.
Piya jewak jasilhyty --	Estos gemelos oceánicos--	These ocean twins--
jasilhy ku'aaylhy teñeweypi yuchaap:	estaban bajo el mar pensando:	they were beneath the sea thinking:
"Naak matt.	"Vayamos a la tierra.	"Let's go up to the land.
Tipey uchowx 'uyty ke'e?	¿Por qué no hacer gente?	Why not make people?
Pum naa kwamaay teñewey?"	¿E ir arriba?"	And go be up above?"
Pi yuchaap teñeway.	Estaban pensando esto.	They were thinking this.
"Puk ñewaty tepech naam,	"Vamos salir de aquí".	"Let's get out of here.
Janup tepech ja muyuk maw teñewey,	¿Por qué no nadar fuera del agua,	Why not swim out of the water,
muyuk maw?	por qué no?	Why not?
Muyuuty naamlhy janup naax teñewey?"	¿Cómo salimos nadando?"	How do we swim out?"
Teñewey naaxpi; "kaam,"	Iban hacia allá; "¡Vamos!"	They were going; "Let's go!"
Tuwilhy jtup, yuus.	El mayor saltó, dicen.	The elder jumped, they say.
Jtup jipok shpaa puty.	Ese saltó y salió primero.	That one jumped and emerged first.
Janup jipok shpaa maay shpaam.	Él nadó arriba primero y salió.	He swam up first and emerged.
Ja kwa'orr ñenaak ñapum,	Entonces, mientras estaba sentado en la orilla,	Then as he was sitting on the shore,
Kulyepity ku'aylhy p'am,	el más pequeño quedó debajo,	The littler one stayed underneath,
"Muyut meñeway meshpaaya, chamel?"	"¿Cómo saliste, hermano mayor?"	"How did you come out, older brother?"
"Ñewiiw arr!	"¡Mirándolo fijamente!"	"By looking around very hard!
'Uk tayiiw,	"Estaba observando mientras avanzaba,	I came by looking,
yiiw shuttak ja 'wiiw warr shpaaty,	Salía con mis ojos abiertos, mirando a través del agua,	I came out looking hard with my eyes open,
piwa, ke'es?	Estoy aquí, ¿verdad?	I'm here, right?
ijaan,	Está bien,	It's good,

shukatt warr pii 'yaw," takwa,"

"Ohh," jekwalhty lyepity, kwajaanjty.

Shuttak shpaa tapam yiiw,
jasilh yiiw jem'uyty,
yuudy,
yiiw alhmarr jaty.
Yiiw jem'uy ñeshpaadym.

"Aaah, yiiw jemuy, chamel!
muyum taruyx mawya?"
Puty[1] tewatym ñewiiw,
"Aah, matt chow," takwa,
'uyaw muyuxty yiiw jemuy wa,
naaty pi shpaa pes may yuutym
mawya," takwa.
" 'Aak matt chow."
Puty waty matt chow yuu tapaaty
meley warr.
Meley warr tapaadym!
Tapaa "la chamel,
lhyiity warr warr.
Matt muyu ñewey chowmlhy?
Tipey chow 'uy chewiiya,"
takwamlhy.
"Aah, muuty,
muyuty ñewey yaw?" takwa.
"Kwamaay matt txpilh piwady yus,"

takwa, ñewiiwdym.
Yiiw jemuyty--

Estoy parado aquí y hace mucho frío",
dijó,

"Oh" el pequeño, el bebé, el bueno
(dijo).
Salió con los ojos abiertos,
el agua de mar cegó sus ojos,
ellos dicen,
el agua le quemó los ojos.
Sus ojos quedaron ciegos cuando
salió.
"Ah, (estoy) ciego, hermano mayor!
"¿Por qué no hiciste lo correcto?"
Y luego él estaba sentado allí:
"Ah, hagamos el mundo", dijo.
No sé por qué estás ciego,
yo vine así pero no me pasó nada",
dijo.
"Voy a hacer el mundo".
Él estaba creando el mundo (pero)
realmente no sabía cómo.
¡Realmente no sabía cómo!
Él andaba "Oh, hermano mayor,
es muy difícil.
¿Por qué queremos crear el mundo?"
"No hemos hecho ninguna gente,"
dijo dudosamente.
"Ah, estás mirando,
¿Cómo es, dónde estamos?"
"Lo que está arriba y la tierra están
unidos,"
dijo, mirándolo.
El "ojos quemados"--

I'm really cold standing here," he said,

"Ohh," (said) the little baby good one.

He went out with his eyes open,
The seawater blinded his eyes,
they say,
the water burned his eyes.
His eyes were blind when he came
out.
"Aaah, (I'm) blind, older brother!
"Why didn't you do the right thing?"
And then that one was sitting there:
"Aah, let's make the world," he said,
I don't know why you're blind,
I came out here but nothing happened
(to me)," he said.
"I'm going to make the world."
That one was creating the world (but)
he really didn't know how.
He really didn't know how!
He went along "Oh, older brother,
it's really hard.
Why do we want to create the world?"
"We haven't made any people,"
he said doubtfully.
"Aah, you're looking,
how is it, where we are?"
"That which is high and the land are
stuck together,"
he said, looking at it.
The "burned eyes"--

Uh, "chimapu" me'íips tipey "chimap" tewaty. "Aah, 'patt pil 'chowma," takwaty. Upatt takar ... matt kiyer, kwii kiyer maay, uman yus maay kuyumlhy, p'am, ñu'ii. Kwii kiyer maaylhy ñep'amdym, ñapum, "Iii, shukatt warr chamel!" "Ñaa kechowm!" "Pinxlhy," takwam, ñu'ii. Ooo, chamel unow. Matt uchow matt semulh tapaaty, Uchow ñaaklhy kuyum utuudym. Jeñer unelhy. "Unelhy tenaam!" takwa. Tenaam "la 'uy! Unelhy, unelhy warrsa, Sum, muyu kuyum?" takwa. Ñu'ii sum, "Aaa, kayiiw, kayiiw," takwa. Matt wiñ semulh tewaty uchow, 'aa lyepity unum uchowty, 'aa lemii shin ulhup,	Uh! "el ciego" escuchas personas (decir) que era ciego. "Me acostaré ahora y lo crearé," dijo. Se acostó boca arriba ... y pateó el mundo, empujó las nubes por arriba, y las elevó al cielo, y las quedaban, me dicen. Con sus pies empujó las nubes hacia el cielo donde se quedaron, y luego, "Uy, hace mucho frío hermano mayor! ¡Haz un sol! " "Sería bueno estar abrigado, (hermano mayor) dijo, me dicen. Oh, el hermano mayor corrió. Él hizo tierra y la amasó, lo hizo y lo lanzó al este. (Pero) se resbalaba y se caía. "¡Se está cayendo!" (el hermano mayor) dijo. Él estaba (como): "¡Oh, no! Se está cayendo, realmente se está cayendo!" Hermano menor, ¿Por qué está haciendo eso?" él dijo. Dicen que el hermano menor (dijo), "Ah, tráelo, tráelo", dijo. Le dio (algo) de tierra y la amasó y (cuando) terminó, frunció su pequeña boca, y se quitó un pelo del bigote,	Uh, "the blind one" you hear people (say), he was blind. "I will lie down now and create it," he said. He lay down face up ... and pushed the earth up with his feet, he pushed the clouds up with his feet, and raised them toward the sky, and they stayed, they tell me. With his feet he pushed clouds into the sky where they stayed, and then, "Iii, it's really cold older brother! Make a sun!" "It would be nice to be warm, (elder brother) said, they tell me. Ooh, elder brother ran. He made land and he was kneading it, He made (it) and he threw it to the East. (But) it slid and fell off. "It's falling off!" (elder brother) said. He was (like): "Oh no! It's falling, it's really falling! Younger brother, why is it doing that?" he said. They say younger brother (said), "Aah, bring it, bring it," he said. He gave him (some) earth and he kneaded it and (when) he finished, he pursed his little mouth, and he pulled out one moustache hair,

piyak miyelh tarayeres eskapa uchaty, yus.	y lo puso en medio de una tortilla redonda (de barro), dicen.	and he put this in the middle of a round tortilla (of clay), they say.
Utuu maay texpilhy yus,	Lo tiró y se pegó al cielo, dicen,	He threw it and it stuck to the sky, they say,
maay texpilhydym.	se pegó al cielo.	it stuck to the sky.
'Uuty, kunsumpu chamel wiñ,	Esto le dio el hermano menor al hermano mayor,	This, the younger brother gave to the elder brother,
chamel tuutym maay texpilhydym.	y el hermano mayor lo arrojó y se quedó pegado al cielo.	and elder brother threw it and it stuck to the sky.
Ñaa shpaak 'uysa, shpaak pes ñaa 'uy.	El sol no salió, (o) salió, pero no era el sol.	The sun didn't come out, (or) it came out but it was not the sun.
"Yul warr piwady," takwa, ñu'ii,	"Aquí hace mucho frío", dijo. dicen,	"I'm very cool (cold) here," he said, they say,
"Aah, p'am, ja matt ñekiñ," takwa.	"Ah, falta algo, Te daré agua y tierra ", dijo.	"Aah, something is missing, I'll give you water and earth," he said.
Matt wiñ ñapum samulh tewalhyty tarayer chow,	Él le dio tierra y la estaba amasando en círculo y (cuando) lo hizo,	He gave him earth and he was kneading it into a circle and (when) done,
'aa ulhupty uchaty,	arrancó (un pelo de) su boca y lo puso (ahí),	he pulled (a hair from) his mouth and put it (in),
uchaty chowty, ñaak kuyum utuudys,	(y cuando) terminó de ponerlo, lo aventó al este.	(and when) he finished putting it, he threw it to the East.
Ñaa shpaa, yus.	El sol salió, dicen.	The sun came out, they say.
Ñaa ñeshpaam, "ñam pin," takwa, ñu'ii,	Cuando salió el sol, dijo "hace calor", dicen,	When the sun came out "it's warm," he said, they say,
"Aah, tipey kechow, chamel, ñumaw matt lejox warrtys, kwiiw!"	"Ah, haz gente, hermano mayor, sino, la tierra estará muy vacía, ¡mira!"	"Aah, make people, older brother, otherwise the land will be very empty, look!"
takwa, wii yuus.	dijo, eso dicen.	he said, they tell me.
Waaty tipey uchow, matt semulhy chepay lamil pawiity uchaty,	Él fue e hizo gente, amasó tierra y puso gente en forma de palo en el lugar.	He went and made people, he kneaded earth and put the stick-like people in place.
Ñapum chimapty, "Muyut ñeway yiiw mechow?	Luego el ciego (le preguntó) "¿Cómo hiciste los ojos?	Then the blind one (asked), "How did you make the eyes?

Matt ju mechow, 'aa mechow?" takwa, yus. "'Uywe! Ñaak xeyiw yiiw ujap warr," 'uy yiiw, "chow 'uy 'iisa!" takwam. "Ah chamel, shin kayiw, naaty 'chow," takwam. "Jewak kayiw matt," takwa, matt lu'ul jewak 'achaam, ñapum, yiiw chimapty pawiity semulhy tewaty, uchow mii, uchow shelhy, uchow lhymuu, uchow ju, uchow yiiw, 'aa lemii ulhup lhytaa uchaty lhytaa uchowty. Uman psuy ju psuy chow chapaattm. Tipey weyuuty yuus matt. Ñapum, ñapum, ñapum uman karkwar: "Aaahh," takwadym. "Aah, karkwar pikwady tipey mechow sum," takwam. Yiiw chimapty: "Puyowx i'iisa," takwa. "Ipaa puty umantya?"	¿Hiciste una nariz de tierra, hiciste una boca?" dijo, eso dicen. "¡No! El viento del este realmente les va a soplar en los ojos, sin ojos, yo digo que no hagas (ojos)"dijo (el mayor). "Ah, hermano mayor, tráeme uno, y lo haré", dijo. "Tráeme dos (bolitas de) tierra," dijo, y llevó dos bolas de tierra, y entonces, el ciego los amasaba así, hizo piernas e hizo brazos, hizo cabezas, hizo narices, hizo ojos, y arrancó un pelo de su boca y lo puso para hacer cabello. Los recogió y les sopló en la nariz y luego los acostó. Y así se convirtieron en personas (de) tierra. Y luego, entonces, se levantaron y hablaron: "Ah", dijeron. "¡Ah, las personas que creaste están hablando, hermano menor!" dijo (el mayor). El ciego dijo: "así es como dije que debería ser". "¿Se levantó el hombre?"	(Did) you make an earthen nose, (did) you make a mouth?" he said, they say. "No! The east wind will really blow into the eyes, no eyes, don't make (eyes) I say!" said (the elder). "Ah, older brother, bring me one, and I will make it," he said. Bring me two (bits of) earth he said, and he brought two balls of earth, and then, the blind one was kneading them like that, he, he made legs and he made arms, he made heads, he made noses, he made eyes, and he pulled a hair from his mouth and put it (on) and made hair. He picked them up and blew into their noses and then laid them down. And so they became people (of) earth. And then, then, then they got up and spoke: "Aaahh," they said. "Aah, the people you created are speaking, younger brother!" said (the elder). The blind one said: "This is as I said it should be." "Did the man get up?"

"Ja, ipa puty umanty."

"Kuñey kesow," takwa ñu'ii.

Ipa puty uman waaty uñey yuu tapaam.
Maayitt maw warr teyaw pu matt uchow jey mattdy.
Tipey jewak ñam uchowm teñewey.

Ñejatt uchow tapaa.
Chilhiity ulhyiit uchow,
usaw maw,
ka'ak weja, tilpu weja,
awii ñ'iiwpo mentay uchow tapaa.

Xlhywiiw, ñemii.
Kwajaanty[2] ñ'iiw kwajaan wechow tewa,
lhya'aaw uchow teñeway,
lhya'aaw, kuñaaw wii.
Yiiw shimap uchowdy ñapum,
ñuchowty,
"kenaa, kuñey, kesaaw," wii takwa.
Uñey.
Ñapum ipa jatt waaty uñeyty,

chaak usaw,
che'ak usaw tewaty,
ñematt,
ñapum teñewey, yus.
  "Ñam ñuchow ñam,
mayiit mechowya?"
  "Ñ'iiw kwajaan taniiwpo[3]."

"Sí, el hombre se levantó" (dijo el mayor).
"Ve a cazar y come," dijo (el menor), dicen.
El hombre se levantó y fue a cazar.

Pero realmente no había nada, la tierra fue recientemente creada.
Ellos habían hecho (solo) dos personas.
Ellos hicieron animales.
Hicieron animales malos,
(que gente) no come,
por ejemplo, cuervos y correcaminos,
hicieron serpientes, osos y cosas.

Zorrillos y gatos monteses.
El bueno hizo cosas buenas,

hizo conejos,
conejillos de Indias y liebres, dicen.
El ojos ciegos los hizo y luego,
 cuando terminó,
"ve, caza, come", dijo, eso dicen.
Y él cazó.
Entonces el hombre fue a cazar animales,
y los trajo y comió,
su esposa comió,
ella lo ayudó,
y allí estaban, dicen.
"Hemos terminado,
(ahora) ¿qué vas a hacer?"
"Habrá cosas buenas".

"Yes, the man got up" (said the older).

"Go hunt and eat," (they younger) said, they say.
The man got up and went hunting.

There was really nothing (since) the land was newly created.
They had (only) made two people.

They made animals.
They made bad animals,
(that people) don't eat,
for example, crows and roadrunners,
they made snakes and bears and things.
Skunks and wildcats.
The good one made good things,

he made rabbits,
cottontails and jackrabbits, they say.
Blind eyes made them and then,
when he was done,
"go, hunt, eat," he said, they say.
And he hunted.
Then the man went hunting for animals,
and brought them and ate,
his wife ate,
she helped him,
and there they were, they say.
"We're finished,
(now) what are you going to make?"
"There will be good things."

Shaa ñ'iiw uchow, chii ñ'iiw, ñi'iw kwalhyow uchow. Ipa ñ'iiw uchow ñuchow,	Hizo varios tipos de pájaros, varios tipos de peces, hizo muchas cosas Hizo tipos de hombres y cuando terminó,	He made kinds of birds, kinds of fish, he made many things. He made kinds of men and when he finished,
"Naaty ñam akweyx 'aamx chamel," takwa. "Naaty ñam ñapum mespaxm matt puy kjap, skap wam ñaap, 'aamxkm. Kenow kijelhy ñekamarrs, ñemawkm tipey uchow puty mespax tewaty jumu," takwa.	"Ahora entonces voy a regresar hermano mayor," dijo. "Cuando muera solo ponme en el suelo, la mitad de mí, y yo me iré. Apúrate y corre cuando me entierres, Porque sino, estas personas que hicimos morirán de enfermedades," dijo.	"I am just going back older brother, he said. "When I die just put me in the ground, half of me, and I will go. Hurry and run when you bury me, Otherwise these people we made will die of disease," he said.
Ñapum, "Aah, sum puy, ja, muut ñeway maa melh, yiiw ñechimap?" takwam. "Kwajaan tapaady." Lhyu'um mespa pu yiiw chimap. Jtup puy ujap matt,	Entonces, "Ah, sí hermano menor, así será, (pero) ¿cómo te irás, estás ciego?" dijó. "Moviéndome rápido" (contestó). Pronto el ciego murió. Él saltó y se fue a la tierra	And then, "Aah, yes younger brother, like so, (but) how will you go (as) you are blind?" he said. "By moving quickly," (he replied.) Soon the blind one died. He jumped and went into the earth
ujap mespadym. Chamel unow amarr tapaa. Mii guatey ñam pa'am, ta'ar ñep'am, teñewiiwty, amarrs maw, anmakty. "Aah, amarrs maw, anmak.	allí, el muerto entró. El hermano mayor corrió y lo enterró. Un dedo gordo del pie quedó afuera, lo dejó afuera, podía ser visto, no fue enterrado sino dejado atrás. "Ah, no está enterrado, se quedó atrás,	there, the dead one went in. Older brother ran and buried him. A big toe was left out, it was left outside, it could be seen, it was not buried, it was left behind. "Aah, it's not buried, it's left behind,
Ñip lyepiity p'ams," takwadym.	este pedacito se quedó," dijo (el mayor).	this little bit is left," said (the elder).
Takwa paychaty teyaw asum tipey,	Él lo dijo y estaba pensando en eso y pronto la gente,	He said it and was thinking about it and soon people,

tipey uchow witt junuty stuwaty.	la gente que hizo enfermó y murió.	The people he made got diseases and died.
Ñip uman kurrap junuty pa.	De aquí vinieron las enfermedades dañinas.	This is where harmful diseases came from.
Jumum junuu pa'yiw, kurrap jwatt junuu ... malis, jumum jushik ñipm ukup yus.	La influenza vino de esto, Tuberculosis y ... viruela, Las enfermedades de la tos se propagan como un vapor, dicen.	Influenza came from this, Tuberculosis and ... smallpox, Coughing diseases spread like a vapor, they say.
Tipey yiiw chimap, mii guatey ñapum, ñapum lhytii warr lhytii warr tapaaty,	El hombre ciego, (de) su dedo gordo del pie, y luego hubo muchos, muchos problemas,	The blind man, (from) his big toe then, and then there were many, many problems,
tipey ñestuwaty ñapum, tipey ñip uman mespaty ukup, yus, kurrap ñip ukup. Mattwiñ, ñapum mattwam jewak jamok .... mii guatey po, ñe'iñdym mattwiny. Ja ñip, ñip ñam, yey lhypiity naaty 'xkeypo, ñip ñam awatt ñam.	como la gente murió y entonces, la gente comenzó a morir mientras se extendía, dicen, esta enfermedad se extendió. Terremotos, cada dos o tres años ... ese dedo gordo del pie, cuando se mueve hay un terremoto. Sí así, entonces esto, lo olvidé (qué) estoy pasando por alto, Este es el final.	as people died and then, people began to die as it spread, they say, this sickness spread. Earthquakes, then every two or three years ... that big toe, when it moves there is an earthquake. Yes this, then this, I forget (what) I'm passing over, This is just the end.

Mattpi Yak

Prrwii piyaaty st'aawty jewak uchaaty tewaty.
Iñaayty kwashorr waaty,
saaw uyaam ñewaaty,
yetty ñ'iw shemey ñewaaty.

st'aaw ustuuty anaalyh siyelhy siyel tojweelhy.

Waty tapaaty t'orr akwey paaty usaawty.
Wa me'ey tapaaty akwey uyiw rro tapaa.
Ñaa kwashorr, wamk uyiw tapaa.
Guatay,
ñam guatay maat tay.
Upaaty yuu teñewaym,
usaaw tapaaty.
Jumii ñam tay teñeway.
Ñaa muyum akwey iñaalhy lhimal akwey teyiwdym,
na'ar mwal[1] cheyow takwam.
U'ipty uyiw,
"Maayiitym?"
Pam awaaty u'iip rro tapaaty.

Ñaa ñemuyum p'aw nemii,
" 'Aapt te'am ña'aatym?
Paaty st'aaw malaay, mayaay?

Chimalh telhiity te'amty.
Shin piwaty,

Este Tierra Aquí

Había una paloma y tenía dos hijos,

Todas las mananas iba,
iba y traía comida,
iba buscando semillas y cosas,

y agarraba a sus hijos y los metía en las cortezas del mesquite.

A medio día regresaban a la casa y comían.
Siempre regresaban a la casa donde andaban.
Cada día, venían a la casa.
Eran grandes,
sus cuerpos estaban cresciendo.
Se acostaban,
y comían.
Crecían y se ponían grandes.
Un día en la manana cuando casi regresaba,
un grillo estaba cantando.
Venía escuchándolo,
"¿Qué es eso?"
Llegó y se detuvó, todavía estaba escuchando.
Un dia se quedó ahí y se enojó,
"¿Quién está aquí cuando me voy?
¿(Quién) esta aquí molestando a mis hijos?
Hay un ruido malo.
Estoy aquí sola,

This Land Here

There was a dove who had two sons.

Every morning she went,
she went and brought food,
she went and looked for seeds and things,
and she gathered her sons and tucked them into the bark of a mesquite (tree).
At noon they returned to the house and ate,
they always came back to the house where they lived,
Every day, they came to the house.
They were big,
their bodies were growing.
They were lying down,
and eating.
They grew and then they got big.
One day in the morning as she had almost returned,
a cricket was singing.
She listened as she came along,
"What is it?"
She arrived and stopped, still listening.
One day she stood there angrily,
"Who is here when I go away?
(Who) is here bothering my sons?

There's a bad noise.
I'm here alone,

piiwa'i!" takwaty ñemiitym. Takwatym chimeyty, siyelty utaak tapaam. Na'ar mwal tewam uyow. Uchttap uchott. Jakwalh, iii, yey kuwarr tikay warrm tewaty. U'iity jalyh uyawty, jakwalh jalhy uyawty, na'ar mwal uyowty akwey maat tjpilh tewaty. Ch'am kenaaty, mii l'uuñ chilkal, mii maat m'ey tjpil, melyey, uchott, uchottm. Ujtup jalhytash[2] wiitym. "Aaah," jakwalh ñewiiwty. Tikayx mawm, tusuutym ñewiiw. Jelikuy teñeway akwey. Uchott kenaaty, na'ar mwal milyey. Jtup jtup ñip p'jow. Weyuuty. Ñaa ñemuyum waa iñalhy waaty, yetty ayum tapaadym, wañai jekwalh unaaw warr tenaam,	¡Estoy aquí!" dijó enojada. Sonó y ella buscaba, y abrió la cascara El grillo estaba y lo agarró. Lo desbarató y lo tiró. Los bebes, iii, lo estrañaban y estuvieron chillando mucho. Dijó que estaba bromeando, estaba engañando a los bebes, agarró al grillo y pegó su cuerpo otra vez. Se equivocó y por eso, (los grillos tienen) patas cortas y torcidas, (sus) patas y cuerpo donde juntó (las patas al cuerpo), quedó feo, y lo tiró, lo tiró. El brinco y chirrió, "Aaah," (dijeron) los bebes mirándolo. No chillaron, se calmaron mirándolo. Estaban contentos otra vez. Porque lo tiró, grillo es feo. Este inventó los brincos. Así fue. Un día se fue en la mañana, estaba juntando semillas, y los bebes andaban corriendo mucho por el camino,	I'm here!" she said angrily. It chirped and she searched, and she opened the bark (basket). The cricket was there and she got him. She tore him up and threw him away. The babies, iii, they missed him and were really squalling. She said she was teasing, she was tricking the babies, she picked up the cricket and stuck (his) body (together) again. She made a mistake and that's why, (crickets have) short and crooked legs, his legs and body where she stuck them together, were ugly, and she threw him, she threw him. He jumped and chirped, "Aaah," (said) the babies as they looked at him. They didn't squall, they quieted looking at him. They were happy again. Because she threw him, cricket is ugly. This invented jumping. So it was. One day in the morning she went, gathering seeds, and the babies were running around in the road,

skaan juuy.
Tukaty guatey uyuuty,

unaak shaa maayk.
Uchiit mshap l'uul tewa.
Jakwalhty naa warrlyh
"Piya tewam?"
"Tenaay ajkey,
piyaty tewa?
Mewiiwa chamel?" wiitym.

" 'Uy, a'ttimxty mayiitys!" wiity tewa.

Attim topal 'ash'orr,
"Aah, naaty yuus, st'aaw!
Prr'aak, Prrjaan u'iity," uchiidym.

Ñaa kwashorr naaty matt chiwilh taniiw,
ajiish,
ñejeeyty jewak u'iip ajiishpo.

Jalhy'u'up taniw ajiishpo u'iip,

"Iñaalhy naak stumeyx 'uuty ijaan ajiish."
Kupay pap che'ak naa,

wañai kapoka chpkow.

" 'Apt ajiish ijaan warr?
Stumey taniiws,"
"Aah, naaty, upap shin ñekiñ saaw naaty 'chaw ajiishma.

y ella corrió y se escondió.
Se convirtió en un tronco de arbol grande,
y encima se sentó un pajaro.
Había un montón de caca blanca.
Los bebés corrían por allá,
"¿Esto estaba aqui?"
"Ayer pasando,
¿estaba esto?
¿Lo miraste hermano (mayor)?" dijó (el menor.)
"¡No, le disparemos que sea!" dijó.

Apuntaron arcos y flechas,
"¡Aah, soy yo, hijos!
Prr'aak, Prrjaan," dijó, nombrandolos.

Cada día iban al campo,

tocando flautas,
y dos señoritas escuchaban esas flautas.
Se estaban bañando y escuchaban esa música,
"En la manana vayamos allá buscar estas flautas bonitas" (dijeron).
Las mujeres hornearon pan y se fueron,
y en el camino se encontraron una gran cachora.
"¿Quién toca flauta tan bien?
Estamos buscándolo," (dijeron.)
"Aah, yo, dame un pan para comer y después tocaré, lo prometo," (dijo.)

and she ran off and hid.
She made herself into a big tree trunk,
and a bird was sitting on it.
There was a mound of white poop.
The babies ran by it,
"Was this here?"
yesterday (when we) passed it,
was this here?
Did you see it, older brother?" said (the younger.)
"No, let's shoot at it whatever it is," one said.
They aimed (their) bows and arrows,
"Aah, it's me, sons!
Prr'aak, Prrjaan," she said, naming them.
Everyday they went into the countryside,
playing flutes,
and two young women heard the flutes.
They were bathing and listening to the flutes,
"Tomorrow let's go there and look for these beautiful flutes," they said.
The women baked bread and they went,
and on the road they encountered a big lizard.
"Who is playing so beautifully?
We are looking for him," (they said.)
"Aah, I am, give me a bread to eat and after I will play," he promised.

Upap shin wiñ. Usaawty ñechowty, Analh kuulh chimalh: jorr jorr jorr³! "Aah, piya maws!" Ñamaayk, jatpaa chpowkty. "'Apti ajiish ijaan warr? Stumey taniiws!" "Aah, naaty, upap shin ñekiñ saaw naaty chaw ajiishma. Upap shin wiñ. Usaawty ñechowty, Unow wam chimalh: "wah wah wah!" Ñamaayk skenaan chpkow. "'Apti ajiish ijaan warr? Stumey taniiws." "Ja! Pulhy ñewaydys!" Tkiis 'aash'orr. Ñejeey wiity, "Muyuk ayip melh?" "Tjaa melh yuupk, wa'a shupittx, jmawdym? Chirkwii yuupk, jm'orlh ñaatox. Ñapum, paa yuuk naak ayipx. Ayip jamil ñewaypo. Meyaay shemaap.	Le dieron un pan. Lo comió y cuando terminó, Subió a un mesquite largo haciendo ruido: ¡jorr jorr jorr! "¡Aah, esto no!" (dijeron). Después, encontraron a un coyote. "¿Quien toca flauta tan bien? ¡Lo estamos buscando!" "Aah, yo, dame un pan para comer y después yo tocaré," prometó. Le dieron un pan. Se lo comió y cuando terminó, Corrió a su casa haciendo ruido: "wah wah wah!" Después se encontraron a un pinacate. "¿Quien toca flauta tan bien? ¡Lo estamos buscando!" "¡Sí! ¡Viven alla!" (dijó el pinacate.) Culimpinado apuntó la cola. Las muchachas dijeron, "¿Como llegaremos allá?" Si nos convertimos en viento, la puerta cerrará, ¿que no? Si nos convertimos en hormigas, (con las) cenizas ellos nos echarán. Entonces, así como somos vamos llegar. Llegaron (a donde) los jovenes estaban. Dormían juntos.	They gave him one bread. He ate and when he was done, He noisily ran up a tall mesquite: jorr jorr jorr! "Aah, not this!"(they said). After that, they encountered a coyote. "Who is playing so beautifully? We are looking for him!" "Aah, I am, give me a bread to eat and after I will play," he promised. They gave him one bread. He ate it and when he was done, He ran home noisily: "wah wah wah!" After that they encountered a stinkbug. "Who is playing so beautifully? We are looking for him." "Yes! They live over there!" (said the stinkbug). With his tail in the air he pointed. The girls said, "How do we get there?" If we become wind, the door will shut, won't it? If we become ants, they will throw us out (with the) ashes. So, just as we are let's go and we will get there. They arrived where the boys were. They slept together.

Iñaalhy ñakwey naam kulyepiity puty utul tewa.	En la manana regresaron y la chiquita estaba embarazada.	In the morning they went back and the little one was pregnant.
Akwey naa kuntaat ñewam ayip.	Regresaron y llegaron a la casa de su papá.	They went back and arrived at the house of their father.
Ñamaayk, utuy uwal, iii!	Entonces, se vió a la embarazada, iiiiy!	So then, he saw that she was pregnant, iii!
Sha'ii tejwat[4], ñemii warr.	El zopilote se enojó muchísimo.	The buzzard, he was really angry.
Kuntaat u'iity, "Ñaa jumay ñajemiikm, ñekiñ upap maax," u'iitym[5].	Su padre le dijó, "El día que nazca tu hijo, dámelo y hornearé y me lo comeré," dijo.	Their father said, "the day a son is born, give him to me to bake him and eat," he said.
Sha'ii tejwaat tewaty.	Era un zopilote rojo.	He was a red-headed buzzard.
Ñamaayk jecheñ puty jumay ñajemiidym.	Entonces la niña dió a luz a un niño.	So then the girl gave birth to a boy.
Jecheñ u'iity jalhy uyaw: "jecheñ yuus," chewiwdym.	La niña dijó una mentira: "es una niña," ella le mostró.	The girl told a lie: "It's a girl," she showed him.
Ooo, wiity ñamaayk jumay tewaty ñajemii ñam ñateym, "Jumay yuus," takwam, sha'ii ipaaxty ñemii warr takwaty.	Ooo, dicen, entonces el niño estaba creciendo y cuando se hizó grande, "Es un niño," les decía, el hombre- zopilote se enojó mucho platicando (de eso).	Ooo, they say, after that, the boy was there growing and when he got big, "It's a boy," he said, the buzzard-man was very angry, talking (about it).
Ñamaayk sha'ii tejwatt uwiiwdym, "'Ajweyx maw."	Entonces el zopilote le miro, "No voy a matarlo."	So then Buzzard looked at him, "I won't kill him."
Mojwa chuwaaty, "kenaak kajwatt k'oott, Prr'aak Prrjaan!"	Envió tejones, "¡Vayan a matarlos y tirarlos, Prr'aak y Prrjaan!"	He sent badgers, "Go kill them and throw them, Prr'aak and Prrjaan!"
Mojwaty naaty lo'aa uchow, ñapum, (Prr'aak Prrjaan) unaaw, matt unalh tenaa, kuujap awatt o'ott.	Los tejones fueron e hicieron túneles, y luego, (Prr'aak y Prrjaan) corrían, (pero) mientras corrían la tierra cayó (sobre ellos), y les atraparon y los mataron y tiraron.	The badgers went and made tunnels, and then, They ran, (Prr'aak and Prrjaan but) the earth fell in as they ran, and they caught them and killed them and threw them.
Ñamaayk, 'ak ñesa'ay.	Despues, los huesos se secaron.	And then, the bones dried up.

Mii nepok kul'uul pok pjowty.	La rodilla, que era redondo, se convirtió en pelota.	The kneebone, which was round, became a ball.
Pok uchow, nipokpo aljap[6] taniw, Jemiity tewaty jumay tewaty, ñajemiidym, maat unaapjx uuty wam,	Hicieron una pelota, estaban pegandole a la rodilla. El niño estaba creciendo, y mientras crecía, andaba jugando juntos (con otro niños),	They made it into a ball, they were hitting this kneebone. The boy was growing up, and as he grew up, he was playing together (with other boys),
jamil jkey muwaapj maw.	(pero) la mitad de los niños no lo querían.	(but) half of the boys didn't want him.
Skan kurr naa, kurr naa tayow, wiity, kunsiity pkow tewaty kwiity, "Ñesii[7], muyu ñam, Maat unaaplhy wii warr," u'iitym.	Salían corriendo lejos, corrían lejos, dicen, (entonces) le preguntó a su tía, "¿Por qué, Tía? Tengo mucho ganas de que juguemos juntos," dijo.	They took off running far away, they ran far away, they say, (so) he asked the aunt he had, "Why, Aunt? I really want to play together," he said.
"La, maa maat unaap," wiity,	"Oh, estás jugando con ellos," dijó,	"Oh, you are playing with them," she said,
"nipok alhaap naampo mentaat yus," takwadym,	"la rodilla a la que le pegan mientras corren es tu padre," dijó,	"the kneecap they are running and hitting is your father," she said,
"Ajwey ch'otty pil mii nepok uyaawty alhaap taniw," wiitym.	"Lo matáron y lo tiráron y ahora agarraron su rodilla y están pegandola," dijó.	They killed him and threw him and they have picked up his knee and are whacking it," she said.
Wiity kenap, Ñepum kunesii[8] kenap: "Maaty ma shin 'uy, jumay, Meyuuyty ñeway: Tja wel, Tja mwas, Mattwiñ, A'aw."	Dijó y contó, Entonces la tía (mayor) le contó: "Tu no estás solo, nino," Ahí están tus parientes: El Remolino, El Viento Suave, El Temblor, y El Fuego.	She said and she told him, So then the (eldest) aunt told him, "You are not alone, boy." There are relatives: Whirlwind, Soft Wind, Earthquake and Fire.
Waaty 'ii guatey akatt pkaw,	Fue, y cortó y agarró un palo grande,	He went and cut a big stick and he held it,
kakap tapaaty. Alhap jasilhy.	y regresó donde estaban. Lo lanzó (la pelota) al mar.	he went back where they were. He hit (the ball) into the ocean.

Skaplhy uchott, ajkey piyiw matt pi unelhy[9], Ñam supiip, uniiw jmaw teñeway, supiip kenaaty. Ajweyx uuty tipey kenaaty maatayum teñeway. Kunesii wiity: "Maap meyuuy, Tja Werr, Matt Chukwerr, A'aw, Tja Wik waty, Tja Kewak waty, Tja Ñak waty, Tja T'ulh waty, wiitym. Iñaalhy waaty, kenaaty takwadym. Waaty kenat tapaam tu'orr, Maatayum ñaa ñemiity, tu'orr maatayum. Kwalhyow teñewaydym. Mattwiñ Warr, Matt Unam, iii, tipaay naa warr. Jumay wiity kunesiipi, uyawty tem'uy[10] shupiity maayk p'aw. Iii, tipaay naa warr. 'Ii guatey uyaw tuyaw. Kwak chiwilh keñeway, chenaawty, kwak kuchiwilhlhy kuyak puty, tipaay teñeway,	La echó a la mitad, y atravesó y cayó por aqui y en este tierra, Entonces lo odiaron, ya no jugaban, y lo odiaron por eso. Iban a matarlo y por eso se juntaron. La tia dijó: "Tus parientes, El Viento Fuerte, El Remolino, El Fuego, El Viento del Oeste, El Viento del Sur, El Viento del Este, El Viento del Norte, dijó. En la mañana se fue, por que le dijó. Fue y los invitó y al mediodía estaban ahí, Se juntaron al día siguiente, al mediodía se juntaron. Eran muchos. Temblor Fuerte, Terremoto, iii, fue mucha gente. El niño tenía (su) tia, La agarró y la encerró debajo de una canasta y se pusó encima. Iii, fue mucha gente. Agarró el palo grande y estaba parado ahí. Los animales del monte, corrían, aquellos animales en el campo, eran personas,	He cast it to the middle, and it came across and fell here on this land. Then they hated him, they weren't playing, and that's why they hated him. They were going to kill him and so they had a meeting. The aunt said: "Your relatives, Strong Wind, Tornado, Fire, the West Wind, the South Wind, the East Wind, North Wind, she said. In the morning he went, because she told him. He went and invited (the relatives) and they were there at noon, they gathered the next day, at noon they gathered. There were a lot of them. Quakes-a-lot, Landslide, iii, a lot of people went. The boy got (his) aunt, He grabbed her and put her under a basket and he stood on top. Iii, a lot of people went. He got his big stick and stood there. The animals that live in the woods, they ran, those animals that live in the wild, they were people,

ñip umanty.
Kwak chiwilh uyup tapaaty.

Jatpaaty a'awlhy unelh,
kwash te'ott shipaa.
Kaak mii alhap ukañ,

Sha'ii lhymuu alhap tuchety.

Pawity kwak chewilhlhy keñeway,

ñewaty pii.
Ñip wiity.
Uchowty jumay ñip.
Mattwam chkuwip.
Naaty kwix maw,
jumay tapaa muyum.
Paa jasilh akwey ujap waam,

me'ey muyow 'yaw maw, naaty.
Ñip ñam kenap rro, ñip ñam 'yaw.

Awatt piya.

así fue como comenzó.
Los animals silvestres aparecían y estaban.
El coyote cayó en el fuego,
y salió una bola café.
El cuervo se pegó y se quebró (su) pierna,
El Zopilote se pegó (su) cabeza y se le peló.
Así los animales que están en el campo,
viven aquí.
Eso dicen.
El nino los hizó.
El mundo cambió.
Yo no pregunté,
que pasó al niño.
Regresó al mar y se metió,

donde o como yo no sé.
Eso es solo lo que siempre decían, eso yo sé.
Aquí termina.

this is how it began.
The wild animals appeared and were there.
The coyote fell in the fire,
and he came out a brown ball.
Crow hit (his) leg and broke it,

Buzzard hit his head and peeled it.

So it is the animals that live in the country,
live here.
They say this.
The boy made them.
The world changed.
I didn't ask,
what happened (to) the boy.
He went back to the ocean and went in,
where or how I don't know.
This is just what they always say, this I do know.
This is the end.

Kuri Kuri Akwey Yaw

Jwañow piya wiity,
shaa kulymash,
shaa kwalhyow,
matayuum wa kwakulhy uchow.

Wa jtat pshorr uchow teñeway.
Maayit walhy kulhyap guatey maay
uman paak.
Ñekorr kunap u'ip teñeway.

Shuyowty teñeway mattwam kwey
puty.
Chayow ttomakx yuty teñeway.
Ñekorr tipay...
tipey yuuty teñewaydys, shaaty.
Wa ñuchowlhy nyeway,
pshow teñeway.
shuyow tinyam shekarr paak,
wiitym ttomak yuty tañeway.

Jattpaa wiiny peny tuyow,
uwiiw tapaa kakap,
Pero Jattpa uyaaw 'uy tapaa, jmaw?

Cha'yow shuyow chkuyowx Jatpaa
yuu jkey.

Cha'yow uyaw ñex paa tuyow.

Uyaw maw tapaa,
tu'ii paa tuyow.

El Rescate de Kuri Kuri

Este cuento dice que
los pajaros chiquitos,
muchos pajaros,
se reunieron y construyeron una casa alta.
Hicieron un hoyo en el techo.
Algo como una estrella grande iba
volar del cielo a la casa.
Hace mucho tiempo se ha bien dicho
y han escuchado.
Estaban esperando el fin del año.

Estaban así a dejar sus canciones.
La gente antes ...
eran gente, los parajos.
Cuando terminaban adentro la casa,
estaban cuidandola.
(a ver) como canciones seran ...
dijeron que así dejarían.

Coyote estaba presente tambien,
mirando y andaba alrededor,
Pero Coyote no sabía nada, ¿que no?

Estaba esperando ser enseñado las
canciones (pero) Coyote estaba
equivocado.
Las canciones ya estaban y eran
conocidas.
No sabía que estaban,
no estaba cierto de lo que llegará.

The Rescue of Kuri Kuri

This story says,
the little birds,
many birds,
got together and built a tall house.
They made a hole in the roof.
Something like a big star was going to
fly out of the sky and into the house.
It had been foretold and they had
heard.
They were waiting for the end of the
year.
They were there to leave their songs.
The people before ...
the birds were people.
When the house was finished inside,
they were taking care of it.
They were waiting for dawn to come,
it was said they would thus leave
them.
Coyote was there too,
looking and walking around.
But Coyote didn't know anything, did
he?
He was waiting to be taught songs
(but) Coyote was mistaken.

The songs were known and already
there.
He didn't know they were,
he wasn't sure what was arriving.

Teñeway tiñaa nyeskap,	Estaban allá al medio noche,	They were there in the middle of the night,
mshaptym, maay mshaptym,	amaneció, el cielo aclaró,	it dawned, the sky lightened,
maay uttaplhydym,	el cielo explotó,	the sky exploded,
iiiii, kulhy[1]- eskalapa kwalhyow mshap,	iiiii, una larga- muchas mariposas blancas,	iiii, a long- many white butterflies,
tumtum, kwinkwin,	destellantes y girando,	twirling and twinkling,
awii lhyuii,	como una vibora.	like a snake.
guatey amak,	y por atras, un grande,	and behind it, a big,
yamake,	por atrás,	behind it,
yetty.	semillas.	seeds.
Shahuk may jewak taniiw,	Estaban doce,	There were twelve,
iiiiii, shelhy-tuchiny ijaan,	iii, una caraca buena,	iii, a good rattle,
ijaan warr tuchiny kinus taniiw.	eran bonitas y sonando muy bien.	they were beautiful and rattled very well.
Awii plhychit lhyuii taniiw tayiiw paaty.	Como una vibora cascabel fueron llevados y llegaron,	Like a rattlesnake they were brought and they arrived,
Matt ñapaaty,	Cuando aterrizó,	When it landed,
wa'am wejap,	entró por la puerta,	it came in the door,
wa xtat pshorr chipaaty.	y salió por el agujero de techo.	and went out through the hole in the roof.
Chamlhy chipaaty ñewatt ñecham,	Todos salieron y casi se acabaron,	They all went out and were almost gone,
eskalapa lyepiitt.	las mariposas chiquitas.	the little butterflies,
Jemok ñam pa'am,	Sólo quedaban tres,	only three were left,
lejox ñecham,	y estaba casi vacío,	and it was almost empty,
attjay, "Ayeee! "	(Coyote) grito, "¡Ayeee!"	(Coyote) shouted, "Ayeee!"
Chamlhy ñam awatt!	"¡Todos ya se fueron!"	"They're all gone!"
Naaty cha'yow uyawty maw," wiidym.	"¡Y no se las canciones!" dijo.	and I don't know the songs!" he said.
Chupayx maw ttjay warr tuyow.	No les hace caso mientras estaba allá gritando,	They paid no attention to him as he stood there shouting.
kenaty unow jtupty,	entonces corrió y brincó,	so he ran and jumped,
eskalaapa jemok pa'am uñelhy.	y tragó las tres mariposas quedando.	and swallowed three butterflies that were left.

Stutt uñelhy,	Las agarró y tragó,	He grabbed them and swallowed them,
pidym kenaaty, Tipay chuyow ch'ayow l'uny,	y por eso, (Tipay) gente cantan canciones cortas,	and this is why, (Tipay) people sing short songs,
akwey wiity chuyow, akwey wiity chuyow kenaaty,	"¡Otra vez!" dicen y cantan, "otra vez!" dicen y cantan y por eso,	"Again!" they say and they sing, "again!" they say and they sing and this is why,
kulhy nyam tuyow, jatpaty uñelhy kenaty,	era mas larga (pero), el coyote se trago y por eso,	it was longer (but), the coyote swallowed them and that's why,
cha'yow l'uny, wiitys. Wiipdyes. Wiity uñelhy ñuchowty,	canciones son cortas, dicen. Se dice. Dicen que cuando terminó de tragarlas,	songs are short, they say. It is said. They say when he finished swallowing (them),
shaa kulymash ajalyh uyawty, "Aaa, naaty ñekurr cheyaw 'yaw." Unow jtupty imaaty, jtupty imaaty.	los pajaros chiquitos le mentió, "Aaaa, ya sabía cantar." Corrió y brincó bailando, brincó bailando.	he lied to the little birds, "Aaaa, I already knew how to sing." He ran and jumped dancing, he jumped and danced.
Cheyow warr yuuty tuyow, l'uny warr cheyow: "Iiii, tiiñaya pilhykaty, tiiñaya pilhykaty, tiiñaya pilhkaty, kuri kuri[2], kuri kuri," tuyow. Kenaaty, shaalhy cha'yow jtup po,	Se quedó cantando mucho, cantó (canciones) muy cortas: "Iiii, apage la noche, apage la noche," apage la noche, es fiesta, es fiesta," estaba. Y por eso, estes "canciones saltarinas" (vienen) de los pajaros,	He stood there really singing, he sang very short (songs): "Iiii, put out the night, put out the night," put out the night, it's a party, it's a party," he was there (singing). And that's why, those "jumping songs" (come) from the birds,"
yamaaty jtup po[3] "shaa lyepish" wii, o, Tiipay "shaa lymaash" wii. Kenaaty shaa uchiity "ñip chuyaw," jmawdym, Jattpa tapaam kenaaty,	(para) el baile saltarino "pajaros chiquitos" dicen, o, en Tiipay, "pajaros chiquitos" dicen. Por eso pajaros se llama "estos saben," que no, Coyote andaba con ellos y por eso,	(for) the jump dance "little birds" they say, or, in Tiipay, "little birds" they say. This is why birds are called "the knowing ones" aren't they, Coyote was with them and that's why,

cha'yow yamaaty ñip chipaa[4],
jmawdym.
Ñam awatt.

el cancion de baile, eso salió,
que no.
Este es el fin.

the dancing song came out,
didn't it.
This is the end.

| **Jarachiiw** | **El Godornicito** | **The Quail Chick** |

Ñápam,
ñápam,
jwa'ñow
Jttpa Jlhy'aaw jəwak təñəwey,

ñip kanaapj.
*Coyote
y el Conejo.*
Aa,
pa Jlhy'aaw.
Jlhy'aawdy.
Jttpady Jlhy'aaw wəyow təwa,
Jlhy'aaw ch'ak wəyow təwa.
Chuwiy ñaam,
umety təñwey ñaam.
Təyety chuwiy,
umety,
umetydym,
ñaam,
tuwar tapaady,
Jttpady.
" 'Aj ñey 'i," wídya,
Jttpa ñip,
este,
"Jlhy'aaw ñiw ñəmitypu 'iñjm,

ñeyj,
chuwiy mayeydym maj,"

takwady,

Hoy,
hoy,
el cuento
sobre cómo estaban el coyote y
  la coneja,
eso yo voy a contar.
Coyote
y la coneja.
Eh,
éste era la coneja.
Era la coneja.
El coyote estaba casado con la coneja,
se ha casado con la coneja.
Ella hacía puro atole,
y comían puro (atole).
Hacía atole de maíz,
y lo comían,
y lo comían,
y finalmente,
andaba cansado (de atole),
el coyote.
"Voy ir a cazar," dijo,
ese coyote,
éste,
"Le voy dar a la coneja algo más (de
  cocer),
yo voy a cazar,
para que ella ponga (algo más) con el
  atole para que yo coma,"
dijo,

Today,
today,
the story
of how Coyote and Rabbit were
  together,
that's what I am going to tell.
Coyote
and Rabbit.
Well,
this one was Rabbit.
She was Rabbit.
Coyote was married to Rabbit,
he had taken Rabbit as his wife.
She made only atole,
and they ate only (atole).
She made atole from corn,
and they ate it,
and they ate it,
and finally,
he was tired of (of atole),
Coyote (was).
"I'm going to hunting," he said,
that Coyote (did),
um,
"I am going to give Rabbit something
  else (to cook),
I am going to hunt,
(so that) she can put (something else)
  with the atole for me to eat,"
he said,

waady.	y se fue.	and (off) he went.
Təwaady,	Iba,	He went along,
troot waar təwaa.	iba trotando.	he went trotting along.
Təwaady,	Iba,	He went along,
ña'widya,	y luego,	and then,
wídya,	luego,	then,
sa'malh,	(en) el zacate,	(in) the brush,
¡ii!	¡ay!	hey!
jarachiiw kwalhyuu təñəwaay.	habían muchos godornicitos por todas partes.	there were lots of quail chicks all over the place.
Chəmalh takwam,	Estaban haciendo ruido,	They were making noise,
yulhy.	y (el coyote) se sorprendió.	and (Coyote) was startled.
Jttup tapaady,	Andaba brincando (para agarrarlos),	He jumped around (trying to catch them),
ch'am.	(pero) falló.	(but) he missed.
Ttaklhy jttup tapaady,	Brincó en el arroyo,	He jumped in the arroyo,
shin wəyow.	y agarró a uno.	and he caught one.
Jarachiiw shin wəyowdy,	Agarró a un godornicito,	He caught one quail chick,
yowdy uwiiwm —	lo agarró y lo miró —	he caught it and looked at it —
¡ii! —	¡ay! —	hey! —
shin waar,	era uno completamente solo,	it was all alone,
yowdy uwiiw.	y lo agarró y lo miró.	and he caught it and looked at it.
Lypity waars,	Era muy chiquitito,	It was very small,
¿kee?	¿no?	right?
Uwiiw təwady.	Lo estaba mirando.	He sat there looking at it.
Jarachiiw,	El godornicito (dijo),	Quail Chick (said),
"¡Laa!	"¡Ay no!	"Oh no!
¡Ñəkajwey jmaaw təkəpaa,	¡No me mates,	Don't kill me,
mamyudy midy!	hagas lo que hagas!	whatever you do!
Lyəpity 'aar;	Soy muy chiquitito;	I am very small;
ñəña'wilhj wi jmaaw.	no te voy a llenar.	I won't fill you up.
¡Ñəkachpaty!"	¡Déjame!"	Let me go!"
wi takwam;	dijo;	he said;
ñə'widy,	y luego,	and then,

Jttpady, "¡Laa! Aa, chuwiy mayey mak, ¿ña'wilh jmaaw? 'Aak, ashəwaaw 'iñj, u chuwiyj," takwady, ñuchowdy, "Jarachiiw wəyowdy ulhup ta'nam … ləmis ulhup ñanam chow, chottj. Pja ashpétyja tuyow — 'Uy, *mejor*: pi patt shəmam, maady kaak, ashəwáawa kikm, məlhyulhy təwak chuwiy, məchott təwak, plhymakm paak sowm; tney pam saawj. Ñəjey, chuwiy mayey sij," takwa. Jarachiiwdy, "Aa, ¿m'am mñəwaay?"	el coyote (dijo), "¡Ay no! Eh, si lo comiera con atole, ¿no me llenaría? Me voy, y se lo daré a mi esposa, y tal vez ella hará atole," dijo, y luego, "(Ella puede) agarrar al godornicito y sacarle las plumas … y cuando termine de sacarle las plumas, puede tirarlas. Debería sacarle las tripas — No, mejor: aquí me voy a acostar a dormir, y tú vete, y díle a mi esposa, que te cueza y que haga atole (también), y que te eche (al atole), y que cuando esté cocido, yo llegaré, y comeremos; yo llegaré en la tarde y comeremos. Y el caldo, yo lo pondré con el atole y lo tomaré," dijo (el coyote). El godornicito (dijo), "Eh, ¿dónde vives?"	Coyote (said), "Oh no! Well, if I were to eat him with atole, wouldn't I get full? I will go, and give him to my wife, and maybe she will make atole," he said, and then, "She can take the quail chick and go about plucking him … and when she has finished plucking his feathers, she can throw them away. She had better take his guts out — No, (here's a) better (idea): I will lie down here and sleep, and *you* go, and say to my wife that she should cook you and (also) make atole, she should throw you in, and when it is cooked, I will arrive and we will eat; late in the day I will get there and we will eat. And as for the (quail chick) soup, I will put it with the atole and drink it," (Coyote) said. Quail Chick (said), "Well, where do you live?"

"Aa,
wa'ña məyow maam,
miy,
miy yeekm maak,
ñəwápa mpamj.
Ashəwaaw,
Jlhy'aaw ...
təyety chuwaak təwam mpam ...

mikm,
majwey chowj,
chott,
chuwiym,
maj.
Yasuum pam,
ñíima,"
takwam ...
Jarachiiwdy
"Oo," wi takwady,
waamdy yus.
Ñáama,
ñaspeer waa təwaa,
Jarachiiwdy shəyaay.
Jttpady patt shəma təwas,

sñaaw ku'aay.
Ñəwik,
aa,
waa təwaady wa.
Təwaady,
um təwaam ...

Jlhy'aaw puy wása,
sñaaw —

"Eh,
vete por el camino,
y mis huellas,
vete por donde están mis huellas,
y llegarás a mi casa.
Mi esposa,
la coneja ...
estará moliendo maíz (cuando) tú llegues ...
y tú le dirás
que te mate,
y que te eche (a la olla),
y que haga atole,
y que yo lo tomaré.
Al rato llegaré,
te prometo,"
dijo ...
y el godornicito
dijo "Bien,"
y se fue.
Luego,
cuando iba caminando,
el godornicito tenía miedo.
El coyote se acostó y durmió un rato,

abajo del encino.
Mientras tanto,
eh,
(el godornicito) iba.
Iba,
iba viendo a la distancia,

La coneja estaba allí,
(moliendo) bellotas —

"Well,
you take the road and go along,
and my tracks,
you go along (following) my tracks,
and you will get to my house.
My wife,
Rabbit ...
she will be grinding corn (when) you get there ...
and you will say
that she should kill you,
and throw you in,
and make atole,
and that I will eat it.
I will get there in a little while,
I promise you,"
he said ...
and Quail Chick
said "Okay,"
and (off) he went.
Then,
as he was walking along,
Quail Chick was afraid.
Coyote lay down and did some sleeping,
under a live oak.
Meanwhile,
well,
(Quail Chick) was going along.
He went along,
he went along, looking into the distance ...
There was Rabbit,
(grinding) acorns —

este tǝyety yu —	este, era maíz —	um, (no,) it was corn —
tuwaa tǝwam,	lo estaba moliendo,	she was grinding it,
pam.	y (el godornicito) llegó.	and (Quail Chick) got there.
"Aa,	"Eh,	"Well,
Jlhy'aaw,	Coneja,	Rabbit,
ñǝwiiwm," i.	te veo," dijo.	I see you," he said.
"¿Mǝmyu tǝmwa?"	"¿Cómo estás?"	"How are you?"
Ésta,	Éste,	This one,
Jlhy'aaw,	la coneja, (dijo),	Rabbit, (replied),
"Ijan pi wa.	"Estoy bien.	"I'm fine.
¿Muyudy sow milmil maar mǝyiw,	¿(Pero) por qué vienes completamente sin ropa,	(But) why are you coming along completely naked,
Jarachiiw?"	Godornicito?"	Quail Chick?"
Jarachiiw,	El godornicito (dijo),	Quail Chick (said),
"Aa,	"Eh,	"Oh,
jalhy'up tapaam,	yo andaba bañandome,	I was taking a bath,
mǝñkur'ak pamdy,	y tu marido llegó,	and your husband got there,
'iKaak,	(y dijo) 'iVete,	(and he said,) 'Go,
kaak achǝwáawa kiñ!	vete y dáselo a mi esposa!	go and give (these) to my wife!
iÑaap jmñaaw kyew!	iAgárra mis zapatos!	Take my shoes!
Ñip stuk lhyulhy chowk,	Que ella recoja estos (zapatos) y los cueza,	She should take these (shoes) and cook them,
chuwiyj.	y que haga atole (también).	and she should (also) make atole.
Tǝyety chuwiyk,	Que haga atole de maíz,	She should make atole from corn,
tǝney pam maj,'	y yo llegaré en la tarde y lo comeré,'	and late in the day I will get there and eat it,'
takwa.	dijo.	he said.
Takwam,	Lo dijo,	He said it,
chu'waam	me mandó,	he sent me,
yíwdyǝs,"	y yo vine,"	and I came,"
takwam ...	dijo (el godornicito) ...	(Quail Chick) said ...
Jlhy'aawdy,	y la coneja (dijo),	and Rabbit (said),
"iLaa!	"iAy no!	"Oh no!
iMuyuk tu ña'jatt waar,	iCómo es tragón,	How very greedy he is,

ñəkur'ak!"
wi.
"Ja,"
takwady,
"Aa,
ñəmchowdy,
təyety mchəmwik lyəpity ñəmiñm,

a-aaj."
"Ñiñj," takwas.
Takwam;
"Oo,"
Jlhy'aaw p'owdy.
Təyety chəmwi chowdy,
chkwinlhy təwam,
lhyattok shəwowdy wiñ.

"¡Káapəka!
¿M'am máaja?" im;
"Aa,
'aamj,
matt kwa'kurm,"
takwady,
nowdy waam.
Now təwaady,
lyəpity waar təwa,
lyəpity təwa,
Jarachiiw.
Lyəpity təwady.
Ñəwaady,
ja asiity pi pam.

"¡Ii!
¿Ma'yum 'aj tuyow?"

mi marido!"
dijo.
"Sí,"
dijo (el godornicito),
"Eh,
y ya que termines,
que tuestes maíz y me dieras poquito,

y yo lo llevaré."
"Te lo daré," dijo.
Lo dijo;
"Sí," (dijo el godornicito),
y la coneja se paró.
Terminó de tostar maíz;
(el maíz) estaba en una canastita,
y (la coneja) lo sacó y lo metió (en un
     recipiente) y se lo dió.
"¡Vete pues!
¿(Pero) a dónde vas?" dijo;
"Eh,
me voy a ir
a tierras lejanas,"
dijo (el godornicito),
y se fue corriendo.
Iba corriendo,
era muy chiquitito,
era chiquitito,
el godornicito.
Era chiquitito.
Iba,
y llegó aquí al lugar donde se puede
     tomar agua.
"¡Ay!
¿Cómo voy a ir (más allá)?"

my husband!"
she said.
"Yes,"
said (Quail Chick),
"Well,
and when you are finished,
you should toast corn and give me a
     little,
and I will take it (with me)."
"I will give you (some)," she said.
She said it;
"Okay," (said Quail Chick),
and Rabbit stood up.
She finished toasting corn;
(the corn) was in a basket,
and she poured it out and put it in (a
     container) and gave it to him.
"Go, then!
(But) where will you go?" she said;
"Oh,
I will go
far away,"
he said,
and he went running away.
He went running,
he was very small,
he was small,
Quail Chick (was).
He was small.
He went along,
and he got here, to the watering hole.

"Hey!
How am I supposed to go (any

J'a wəkulhy —
maay náktəj —

maay naks.
"Pi ta'wakm,
ləmis ñəshpam,

ta'aamja,"
paycha təwam,
asuum,
təneym —
¡ii! —
Jttpady —
¡ii! —
ijelhy waar,
pam.
"¡Ii!
Ashwaaw ashuwow,
¿sow mrára, ñakur?" im;
"Ja."
"¿Chuwíyya?"
"Ja."
Ñaməjapdy əyowdy,
ñəyow lhyjchulhydy wəma.

Wəmam;
"¡Ii!" íya.
Wítyədy,
jmñaawdy ajkey ajkeym,

"Aa,
¡muyukm tey waar tuyówəly!

Se subió al álamo —
(supongo que) iba a sentarse arriba —
y se sentó arriba.
"Aquí estoy,
(pero) tan pronto que me salgan las plumas,
me voy a ir,"
estaba pensando,
y al rato,
en la tarde —
¡ay! —
(ahí venía) el coyote —
¡ay! —
estaba muy apurado,
y llegó.
"¡Ay!
Mi esposa con la que me casé,
¿ya has preparado la comida?" dijo;
"Sí."
"¿Hiciste atole también?"
"Sí."
Pues entró y lo agarró,
lo agarró y metió la mano y comió.

Lo comió;
"¡Ay!" dijo otra vez.
Lo dijo (porque)
pasaban y pasaban los zapatos (en el caldo),

"Eh,
¡(no sé) cómo se puso tan grande!

farther)?"
He climbed a cottonwood —
(I guess) he was going to sit down up there —
and he sat down up there.
"Here I am,
(but) as soon as my feathers grow back,
I will leave,"
he was thinking,
and after a while,
it was late in the day —
hey! —
(along came) Coyote —
hey! —
he was in a big hurry,
and he got there.
"Hey!
Wife that I married,
have you prepared food yet?" he said.
"Yes."
"Did you make atole too?"
"Yes."
So he came in and got it,
he got it and stuck his hand in and ate (some).
He ate (some);
"Hey!" he said again.
He said it (because)
his shoes were floating around (lit. passing by and passing by) (in the soup),
"Well,
(I don't know) how he got so big!

Ajkey lyəpitym ta'éeya, Jarachiiw," paycha təwady. Asuum, ñajchulhyya tapaady, ñashpetydym, jmñaaw təwam, widy, "¡Ii! Ashwaaw, ¿muyudy jəmñaaw mlhyulhy?" i takwam; widy, "¡Laa! Jarachiiw paady ñə'a takwam," wis takwam, ña'widy, "¡Laa! ¿ 'Am lhykuyum wéya?" wi. "Puulhy lhykuyumdy wéyas," takwam; " 'Aak ñeyj," takwady, now waar waady, wñeydy. Ja pam, ja wəsidy. "Ja sik chow 'aaj," takwa, "Ja sij," takwam — Jarachiiw, puulhy,	Pensé que era chiquitito, el godornicito," estaba pensando (el coyote). Al rato, metió la mano otra vez, y cuando la sacó, ahí estaba su zapato, y dijo, "¡Ay! Esposa, ¿por qué cociste mis zapatos?" dijo; y ella dijo, "¡Ay no! El godornicito llegó y me lo dijo," dijo ella, y luego, "¡Ay no! ¿Por dónde se fue esta vez?" dijo. "Por allá se fue esta vez," dijo; "Voy a cazarlo," dijo, y se fue corriendo mucho, a cazarlo. Llegó al agua, y tomó agua. "Tomaré agua y me voy," dijo, "Tomaré agua," dijo — (pero) el godornicito, allá,	I had thought he was small, (that) Quail Chick," (Coyote) was thinking. In a little while, he put his hand in again, and when he took it out, there was his shoe, and he said, "Hey! Wife, why have you cooked my shoes?" he said; and she said, "Oh no! Quail Chick got here and told me to," she said, and then, "Oh no! Which way did he go this time?" he said. "He went that way this time," she said; "I will go and hunt for him," he said, and he went running like crazy (lit. a lot), and he hunted for him. He reached the water, and he drank water. "I will drink water and then go," he said, "I will drink water," he said — (but) Quail Chick, over there,

jalhy ka təwam,
wiiwdy.
"¡Ii!
¡Puulhy mwady!"
¿Ñəmwiiwdy?
"¿Muyu m'im mjap mwady?"
ñəwidy.
"Nupdy,
japdy ñilhypaa," takwa.

"¡Maap məyowj!"
ady,
"¡Ja!
¡Kəyiw!
¡Ñəsaawj!"
"Ñəkəyowpəka!"
takwam,
ñawidy,
Jttpady ñajttúpdyəs.

Ja wsidy,
chowjlhy yu,

tuyow tuyowlhy,
ñaam ja wsi tuyow,
ñaam mattwam ñakweym —
Jttpady,
¡ii!
... ja wsity lhyəm'aal tuyow,
lhyəmaaldy yu tapaa,
ñáama.
Ñaam awatt.

se reflejaba en el agua,
y (el coyote) lo vio.
"¡Ay!
¡Ahí estás!
¿Me ves?
¿Cómo te metiste?"
dijo.
"Me aventé,
me metí y estoy nadando," dijo (el godornicito).
"¡Te voy a agarrar!"
(el coyote) le dijo,
"¡Sí!
¡Ven!
¡Te voy a comer!"
"Agárrame pues!
dijo (el godornicito),
y luego,
el coyote brincó (y se tiró en al agua para agarrarlo).
Tomó agua,
quería tomársela toda (para poder agarrar al godornicito),
allí estaba y estaba, parado,
estaba parado, tomando agua,
y pasaron los años —
el coyote,
¡ay!
... todavía está parado, tomando agua,
todavía está,
aun ahora.
Se acabó.

was reflected in the water,
and (Coyote) saw (the reflection).
"Hey!
There you are!
Do you see me?
How did you get in (the water)?"
he said.
"I dove in,
I went in and I'm swimming," said (Quail Chick).
"I'm going to get you!"
(Coyote) said to him,
"Yes!
Come (here)!
I am going to eat you!"
"(Come and) get me, then!"
said (Quail Chick),
and then,
Coyote jumped (into the water to get him).
He drank water,
he intended to finish it off (so that he could reach Quail Chick),
he stood there and stood there,
he just stood there drinking water,
and the years just passed —
(that) Coyote,
hey!
... he is still there, drinking water,
he is still there,
even now.
That's the end.

Hanya Mejan Tapaa

Ñepil tipey,
kenap ñuu kenaap,
kenap ñuu,
matt ñekur,
ñekur,
tipey teñeway,
haña teñeway,
ñapum,
matt pi,
ñaa puty lyha'aa chuy tapaaty.
entonces, lhya'aa puty … wiiya,
"Ok, maap 'chuy paka,
tipaay ijaan lhyow ijaan ñewiiwkm,

ñapum maap 'chuyma."
Ñapum,
ñaa puty paycha tewa,
tiñam paycha tewa,
"Oooo, tipay maayitt?
m'ey umanty?"
Tipay me'ey uman 'yow ?
Oooo, tipaypi lhyow?
Ñapum tipay 'uy teyaw,
Tipay maw,
'uy.
 Ñam chilhiity-tipay,
chilhiity pes,
Tipay lhyuii teñeway.
Ñam lhy'aa ñaa puty "Ooo," wi,
paycha tewa ñaap,
lyha'aapum 'chuyx map,
'eskwii 'aa tipey shemey,

Sapo Enamorado

Ahorita la gente,
cuentan un cuento muy viejo,
un cuento muy viejo,
de mucho tiempo atrás,
muy antiguo,
había gente,
habían sapos,
entonces,
en este mundo,
el sol se iba a casar con la luna.
entonces, la luna dijó,
"Ok, si me caso contigo,
sería bueno si mucha gente nos mirará,
entonces me caso contigo."
Entonces,
el sol estaba pensando,
en la noche estaba pensando,
"Ooo, ¿cuál gente?
¿De donde vendrán?
¿De donde agarraré gente?
Ooo, ¿mucha gente aquí?"
No había gente en este tiempo,
gente no,
nadie.
Solo animales-gente,
animales pero,
eran como gente.
Entonces el sol dijó a la luna "Ooo,
estuve pensando,
(si) quiero casarme con la luna,
ni modo, necesito ir a buscar gente,

Frog in Love

Now the people,
tell an old story,
an old story,
a long time ago,
long ago,
there were people,
there were frogs,
and then,
(in) this world,
the sun was going to marry the moon.
so, the moon … said,
"Okay, (if) I marry you,
it would be good (if) a lot of people are watching,
then I will marry you."
So then,
the sun was thinking,
at night he was thinking,
"Oooh, what people?
where will they come from?
From where will I get people?
Oooh, a lot of people here?"
There were no people then,
no people,
none.
Just animal-people.
animals but,
they were like people.
Then the sun said to the moon "Ooh,
I was thinking,
(If) I want to marry the moon,
I just have to go look for people,

chilhiitypu shemey.
Entonces,
matt guatey shin 'chowx piyi,
Matt maaykm.
Maatayum guatey 'chow.
Ñapum uchow.
Uchow tenaa, tenaa, tenam uchow,
matt guatey uchow.
Uchow tenaa tenaa mattwam lhyow.

Kwakurr mattwam kwakurr ñam,

tipey chamlhy maay yaam,

ñaa shin kenamty,
ñam, kenapty,
lhya'aaty:
"Ijaan" ñewiikm,
ñam, maat mechuykm."
"Ooh, ijaan!"
"Tipey m'ey maalhy meshemay,

m'ey meyaw maalhy .. tipey?"
"Oh, pu ñeway,
tipey lhyow ñeway,
matt guatey pi ñam maatayum chamlhy."
Ñapum,
maatayumdym.
Tenaam maatayum,
tenaam, tenaam, tenam,
iiii, tipey lhyow tenaamdy.
Tipey maw, chilhiity.
Haña pu waaty,

buscar estos animales."
Entonces,
aquí haré una montaña grande,
una montaña alta.
Y haré una reunión grande.
Entonces lo hizo.
Estaba, y estaba, y estaba haciéndola,
hizó una montaña grande.
Estaba, estaba haciéndolo durante muchos años.
Fue mucho tiempo y muchos años entonces,
llevó arriba toda la gente que venía muy lejos,
fueron allá todo el día,
entonces, (ella) dijó,
la luna,
"Cuando nos digan "esta bien,"
pues, nos casamos."
"¡Ooo bien!" (dijó el sol.)
"¿Dónde buscaste a esa gente?

¿Dónde agarraste esa ... gente?"
"Oh, ahí están,
está mucha gente,
todos se juntaron aquí en la montaña."
Entonces,
se reunieron.
Estuvieron juntándose,
 y juntándose y juntándose,
iii, había mucha gente ahí.
No personas, animales.
Rana fue allá,

look for these animals."
So,
I will make a big mountain here,
a high mountain,
and I will make a big gathering.
So then he did it.
He was doing, doing, doing it,
he made a big mountain.
He was doing it ,
doing it over many years.
A long time, long years and then,

he brought all the people up from far away,
all day they went,
then, (she) said,
the moon (said):
"When they say "it's good",
then, we get married."
"Oh good!"(said the sun.)
"Where did you look for some people?
Where did you get some ... people?"
'Oh, they are there,
there are a lot of people,
everyone is gathered here on the mountain."
So then,
they gathered.
They were there gathering,
and gathering, and gathering,
iiii, a lot of people were there.
Not people, animals.
Frog went there,

Awii pu waaty,	Vibora fue allá,	Snake went there,
Kañila pu waaty,	Cachorra fue allá,	Lizard went there,
Nmtaay pu waaty,	Puma fue allá,	Mountain lion went there,
Jatt pu waaty,	Perro fue allá,	Dog went there,
Jtpaa pu waaty,	Coyote fue allá,	Coyote went there,
Xlhywiiw pu waaty,	Zorillo fue allá,	Skunk went there,
ñeway lhyow naamdym,	muchos fueron y estaban ahí,	many went and were there,
naam, naam, naam,	fueron y fueron y fueron,	they went, they went, they went,
matt guatey teñewaym.	estaban ahí en la montaña.	they were there on the mountain.
Iii, teñewaypi,	Iii, aqui estaban, aqui estaban,	Iii, here they were,
teñewaypi ñam.	pues aquí estaban.	so here they were.
Tipey jewak ñam pa'am,	Sólo faltaban dos personas,	Just two people were missing,
shuyowdy,	estaban esperando,	they were waiting,
tipey jewaak ñam,	sólo a dos personas,	(for) just two people,
shuyow teñeway,	estuvieron esperando,	they were waiting, and they were waiting,
teñeway,	y esperando,	
teñeway, iii,	y esperando, iii,	and they were waiting, iii,
shin xtaat[1] tenaadym,	andaba un viejo,	an old one was going along,
tipey jewak,	eran una pareja,	a couple of people,
ipa xtup tewa.	un hombre iba saltando,	a man was jumping along.
Hañady che'ak xtup tewaya.	Sapo y (su) esposa iban saltando.	Frog and his wife were jumping along.
Mattwam lhyow pulhy ayip,	Tardaron muchos años en llegar,	It took many years for them to arrive there,
wiisa,	dicen,	they say,
pulhy ayipdym,	llegaron ahí,	they arrive there,
matt guatey maay ayipdym.	llegaron encima de la montaña alta.	they arrived on the high mountain.
Mattinaa,	en el suelo,	On the ground,
jewak puwaty,	estaban dos (lugares),	there were two (spots).
psulpsul ñip ñeway,	eran dos hoyitas,	There were these two gaps,
anaak teñewaydym.	eran asientos.	they were seats.
"Shuyow teñeway ñam."	"Estamos nomás esperando," (alguien dijó).	"We are just waiting," (someone said).

"Muyu meshuyow?" haña ñepam.

"*Tu* shuyow tuyaw ñip ñam,

mattwam shuyowpi,
mattwam piñeway lhyowdy,
pi yaw," wi,
piñeway pi ñam,
shuyow pi, shuyow pi,
shuyow ñam."
"Ja, ñam ayip ñam."

"Maayitt muyua?
Maayitt muyu melha?"
Ñaaty:
"Ñaa puuty lhya'aa uyowx tapaa,

Tipay shuyow "ijaan" ñewiikm,

che'ak lhya'aapu 'yow,"
wiity.
Entonces Haña ñewilhy.
Haña ñep'awty,
shelhy maay uman,
"Maw, ñewilhy!"
"Muyuuk meñewilhya?
Mattwam lhyow shuyowpi ñewaydy!"

"Muyu ñam ñewilhy?"
 Ñaap ashwaaw,
mewiiwa, ja, kwiiw!
iii, milyey apsiwpi,
kwiiwxlyha!
Yiiw chamlhy lhyiity,

"¿Por qué esperando?" (dijó) Sapo llegando.
"No más parado (aquí) esperándote así,
esperando muchos años,
hemos estado aquí muchos años,
parados aquí," dijo,
sólo estamos aquí,
esperando aquí, esperando aquí,
sólo esperando.
"Sí, nosotros vamos llegando pues," (dijó Sapo.)
"¿Qué pasa?
¿Qué esta pasando?"
El sol (dijó):
"el sol y la luna están aquí para casarse,
la gente está esperando para decirnos "está bien,"
y voy a tomar a la luna (como) mi esposa," dijó.
Entonces Sapo no quiso.
Sapo se puso de pie,
y levantó la mano muy alto,
"No, ¡no quiero!" (dijó.)
"Porque no quieres decirlo?
Estamos aquí esperando muchos años."
"¿Por qué no quiero?" (dijó Sapo)
Mi esposa,
mírala, si, ¡mira!
Iii, es feísima,
¡Quiero que miren!
Toda (su) cara es fea,

"Why were you waiting?" asked Frog as he arrived.
"Just standing here waiting for you,"

waiting here for years,
we've been here for many years,
standing here, they said,
we're just here,
waiting here, waiting here,
just waiting."
"Yes, we are just arriving, so," (said Frog).
"What's happening?
What's going on?"
The sun (said):
"The sun and moon want to get married,
The people are waiting to tell us "okay,"
and I will take that moon to wife," he said.
So then Frog did not want (this).
Frog stood up,
and he raised his hand high,
"No, I don't want it!"
Why don't you want it?" (said others)
We have been waiting here for many years!"
"Why don't I want it?" (asked Frog.)
My wife,
Look at her, yes, look!
Iii, she's really ugly,
I want you to look!
All of (her) face is ugly,

maat chamlhy lhyiity	todo (su) cuerpo es feo,	all of (her) body is ugly,
ja ñepil lhyiity,	sí ahorita es fea,	yes now she's ugly,
ñepil lhyiity ñam.	ahorita es solo fea.	now she's just ugly.
Meyuk meyawalhy,	¿Por qué quieres tomarla,	Why do you want to marry,
muyuk lhyiity meyawalhy?	por qué quieres tomar (algo como esposa) feísimo?	Why do you want to marry (something) ugly?
Ñaa shin,	Un sol,	One sun,
ñaa shin ñepil,	ahora hay un sol,	now (there is) one sun,
ñaap ashewawpo,	mi esposa aquí,	my wife here,
amuutt cham.	(él) casi la mataba.	it almost killed her.
Maayiit muyulhya?	¿Qué más podría pasar?	What (else) might happen?
Maaty lhya'apo ñemchuy,	¿Qué pasará si se casa con la luna?	You, if you marry the moon?
Lhya'aa chu'imch?	¿Cuántas lunas (habrán)?	How many moons (will there be)??
Lhya'aa chu'im tepecha?	¿Cuántas lunas saldrán?	How many moons will come out?
Lhya'a chu'imch neyiw lhya'aa?	¿Cuántas lunas vendrán?	How many moons will be coming?
Ku'ay ñaa chu'im neyiw?	¿Cuántos mas soles vendrán de adentro (de la luna)?	How many suns will come out from inside (her)?
Lyhow, apsiw!	¡Muchos, muchisimos!	A lot, many!
Ñip lhya'aa shin,	Esta es una luna,	This is one moon,
ñaa shin.	y un sol,	and one sun.
Ñaap ashwaaw mewiiw?	¿Ves a mi esposa?	You see my wife?
Naaty kenaat ñewilhy.	Por eso no lo quiero.	(This) is why I don't want it.
Naaty ñewilhy, chuy maw!	No lo quiero, ¡no se casen!"	I object, don't marry!
ñapum kenaatya,	Entonces por eso,	and so this is why,
ñaapu lhya'aa puty chuy maw.	el sol y luna no se casaron.	the sun and the moon didn't marry.
Ñip ñam.	Eso es todo.	That's all.

Ñemii Jentil

Ñip, uuty ñipi uchiity ñaap:
tipey jipoklhy,
tipey ñumaw 'uuty,
'ii ke'e,
nemii 'iilhy yakp,
Ñip tipey ñeyaw.
Shiyulhty lyepitypu yuum mwiiwse,
ñip, ñip ñewap meyuuys.
Ñip 'uuty Jat'aam kwashinty 'uuty
wiiya.
Ñemii jentil.
Ñip Jte'aam kwashin waty,
ñip.
Ñip ñam shiyulhty kwakuush warr
wiiya.
Teyowdym, u'iity,
kemeyuuy shin mespak,
u'iity,
kwenkuy o kwnpaw o maayit
mespadym ñip yey ilhiich.
Tokaaty mwiiwse shiyulha ... lhymuu
tewadym.
Ñip tokaatm puyuuty,
ñep'am ñam shiyulh yuuty p'aw ...
ñejapk[1].
Lhymuu tewatym tokaaty,
u'iidysa lhymuuty...
kuñity *animal* lhyuii lyepiity 'iilhy
yak,
ñuyuutykm shiyulhty lhyepity p'aw,
wii.
Kenaaty ñip m'ey yawarr mespamx
maw yuuty wi.

Gato Montes

Esto, esto es lo que estoy nombrando:
la gente en el principio,
gente o más bien eran,
decían,
(que) había gatos en el bosque,
y en ese entonces eran personas.
Verán sus colas eran cortas,
Esos, esos son nuestros parientes.
ellos eran los mismos que los Jat'aam,
decían.
Gato Montés.
Éste era igual que los Jat'aam,
éste.
Éste tenía una cola muy larga decían.

Pasó, decían,
que uno de los parientes murió,
ellos decían,
una abuela o un abuelo o alguien
murió y él estaba triste.
Él cortó su cola ven...era su cabello.

la cortó así,
pero dejó un poco de cola pegada...
ahí empezó.
Era su cabello y él lo cortó,
ellos dicen que era (su) cabello...
aquellos pequeños animales que viven
en el bosque,
ahí es cuando tuvieron colas cortas,
dicen.
Es por eso que cuando tienen hambre
ellos no se mueren, dicen.

Wildcat

This, this is what I am stating:
the people in the beginning,
people or rather they were,
they say,
there were cats in the forest,
and these were people then.
You see their tails are short,
Those, those are our relatives.
they were the same as the Jat'aam,
they say.
Wildcat.
This one was the same as the Jat'aam,
this one.
This one had a really long tail they
say.
It happened, they say,
that one of the relatives died,
they say,
a grandmother or grandfather or
somebody died and he was sad.
He chopped his tail you see ... it was
his hair.
he cut it like this,
but left just some tail sticking up ...
(that's) when it started.
It was his hair and he cut it,
they say it was (his) hair ...
those little animals that live in the
woods,
that's when they got short tails,
they say.
That's why when they are hungry they
don't die, they say.

Ñewap shimulh kwashin,
uñey saaw, maw?
uyuuty ñam,
ya'wilhyx maw
uyuuty,
uñey.
M'ey yawarr mespax,
ñemiity.
Kumiity[2] ñip lhyuii maw.

Nuestro clan es igual,
¿uno caza comida, no?
así es como es,
si uno no está satisfecho,
es así,
uno caza.
Otros, cuando tienen hambre,
mueren.
Éste no es un llorón.

Our clan is the same,
one hunts food, no?
that's how it is,
if one isn't satisfied,
it's like that,
one hunts.
Others, where they are hungry,
they die.
This one is not a crybaby.

Lhya'aa Uñelhy	**Eclipse Lunar**	**Lunar Eclipse**

Mattwam ñekurr warr,
cher'aak ñewaty ñekenaap,
ñaap nepaw[1],
lhya'aa uñelhy,
lhya'aaty uñelhy,
tepruuty uñelhy.
Ñip,
'uuty chiliityity sha'wiñm yuulhy[2].

Chiliityity sha'wiñ tunaak.
Ja'alhy uwiiw yuu iipaatt warr,

wiity lhya'aaty.
Ñam sha'wiñ p'chish warr,
spirr warr sha'winty.

Ñam puwiity maat meñup warrx.

Uwal wiity,
ja'alhy uwiiw ñip,
Ñity, ñuñelhtym,
tipeyjaan ñemiil,
yuu wiity tipey.
Sa'aw tewa jekwalhyty ñemiilx.

Utuy, sa'aw cham ñewatym,

usaaw yuu, wiity[3].
Kenaaty lhya'aaty uñelhy,
che'ak utuy ñewak chepaak,

Muchos años atrás,
cuando los mayores me contaron,
mi abuelo,
era un eclipse,
la luna eclipsó,
era llena y eclipsó.
Eso,
así era, el diablo la agarró así.

El diablo la agarró y la amarró.
Su movimiento era claro en el agua,

tenía a la luna.
Entonces la agarró y la aplastó mucho,
con mucha fuerza la agarró.

Entonces así estaban luchando mucho.
Eso se vió,
en el agua eso lo vieron,
Eso, cuando hay eclipses,
A mucha gente le hace daño,
asi dicen la gente.
Hay nacimientos y los bebes son herídos.
Cuando hay embarazadas o estan por parir,
se las come así, dicen.
Por eso (durante) un eclipse lunar,
(si) mujeres embarazadas sus casas salen,

Many years ago,
when the elders told me,
my grandfather,
there was an eclipse,
the moon eclipsed,
it was full and it eclipsed.
This,
like this, the devil held onto her like this.

The devil held her and tied her up.
Their movement was seen in the water,

he had the moon.
So he got her and was crushing her,
he was squeezing her with a lot of force.

And so like that they were wrestling a lot.
It was clearly seen,
this was seen in the water,
This, when eclipses happen,
Many people are harmed,
so people say.
There are births and the babies are harmed.
When there are pregnant (women) or they are ready to give birth,
he eats them like that, they say.
That's why (during) a lunar eclipse,
(if) pregnant women leave their houses,

lhya'aaty ñukaaxty, "¡Kemaw!", wiity.⁴	cuando brilla la luna, "¡No!" dicen.	when the moon shines, "Don't!" they say.
Porque usaaw, u'iity.	Porque las come, dicen.	Because it eats them, they say.
Ulhyiity warr 'uuty.	Es muy malo,	It's really bad,
ñip ñejaan.	eso es cierto.	this is true.
Naaty lyepiity ñeyawtym kenaaptym.	Yo estuve chiquita cuando eso pasó y me platicaron.	I was little when this happened and they told me.
'Iip rrawdy ñip.	Eso siempre escuché.	I always listened to this.
Ñewaaty,	Cuando pasa,	When it happens,
ñaama, tepkwirty waaty ñam,	pues, (la luna) va en un círculo,	then, (the moon) goes around in a circle,
como, chipap cheyiwtym,	como, (cuando) son las cuatro (en la mañana),	like, four o'clock (in the morning),
ñam lhya'aa awatty,	entonces la luna se acaba,	then the moon ends,
maayjaan ñewatym ñam,	cuando esta muy alta entonces,	when it's very high then,
oxwiish chipaady, wii.	se liberó y salió, dicen.	it broke free and left, they say.
Uwal wiiya.	Se ve dicen tambien.	It is seen, they also say.
Maat meñup warr.	Luchan mucho.	They wrestle a lot.

Chepap *Octubre*

Jipoklhy,
ñipi lhya'aa,
ñipi imaty rraw waty,
maayit tipey mespax umuyuy pes,
ñaa jewak jemok ajkey,
ipa ñam ñimatyety uyawxty uyiw.

Ñam ñimatyety uyawiya,

ñasí.
Ñimatyety ñaa ñipm kwaatr Octubr[1],

Maayit tipeyty yey kulhiityety,
ñewaxi wax,
ñewaxi wak wakm,
ñam kupayty ...
kwak ñewii ñupap,
pu ñam ñeshuwal, "kuyiw!"
kuwiñ, "Kwiiw! Piya ksaaw!"

Kwaatyety[2] ñipi uyaw paay ñeyaay,

Pi jelikuy, pi wa pes.

Maaty ñama jakay meshaa 'ok[3],

pay mechatym,
kenaaty meyey ulhiity mawx'iity chayaw.
Kenaaty ñaaxty ñepamkm peyxty,

El Cuatro de Octubre

Hace mucho tiempo,
este mes,
siempre tenían que bailar,
aun si alguien murió,
dos o tres días mas tarde,
una persona entonces viene para hacer su baile.
Entonces tienen que hacer su baile también,
sin embargo.
El día de su baile es cuatro de Octubre.

Alguien puede estar de luto,
quedando en casa,
quedando en casa,
entonces el jefe ...
hace carne asado y (otras) cosas,
y cuando lo sirve, "¡Ven!"
El que lo da (dice), "¡Miren! ¡ Coman esto! "
El espíritu (del finado) se encuentra entre la gente,
está contento, está aquí sin embargo.

Esta al lado de ti y (podrías) pensar de otra manera,
(pero) pienses en la persona,
están ahí para que no estés triste.

Por eso cuando este día viene,
la gente,

The Fourth of October

Long ago,
this month,
they always had to dance,
even if someone died,
two or three days later,
a person then comes to do their dance.
Then s/he does their dance too,

nevertheless.
The day for their dance is on October fourth.

Someone may be in mourning,
staying home,
staying home,
then the chief ...
he roasts meat and things,
and when he serves it, "Come!"
The one who gives it (says), "Look! Eat this!"
The spirit (of the deceased) stands there among the people,
s/he is happy, s/he is here nevertheless.
S/he's there beside you and you (might) think otherwise,
(but) you think of the person,
they are there so that you won't be sad.
That's why when this day comes the people,

Kwak shinkm ñejatt muyuy pak ñam majweyk mpap.
Ñepuwaty ushitym uyiiw.
Ñaa kusaputy kwataay ñaa wiityiya,

A'aw tukwilma wiipiya.
Chipap ñipi uyiws,
yey kulhiity ñam ñewaxi wa.
Pi ñip piyuty,
chuwetty a'aw tukwil Tipey mespetym.
Uchawpo ñakap naa muyus a'aw ñekwilty.

Ñakap naa rrowm.
Ñip ñam kurr lymaaty,

lhyuiity ñejey taniiw.
Ñaa ñipm ñam awatt,
Ñip ñam kujap uwiiw, mewiiwse.
Ñaa chipak ñep'awiya.

Uchaakiya[4] wity wa Siñaw Shkwilh, maw ke ...
Siñaw Shkwilh waxty.
Ñam ñekwakjaan ñewaty,
neyiw pum tipety ñam uchaak.

Jwañak[5] neyiw ñewatys.
Neyiw ñam Jtaa[6] uchaak ñeway *semaan*,
ñaa chipokty pi ñeway ñam.

Imaaty, jmaw?

Aunque tienes sólo una vaca, tu la matas y la tuestas.
Así es, él los llama y vienen.
Todavía tiene un día por los mayores finados,
Y todavía encenderán velas.
(Cuando) el cuatro viene aquí,
los dolientes se quedan en casa.
Así es aquí,
llevan velas encendidas por la gente muerta.
Se fueron por completo en un círculo así cuando las velas se encendieron.

Siempre fueron en un círculo.
Ahora hace much tiempo (desde que) estábamos chiquitas,
estábamos como señoritas.
Estos días ya se acabaron,
Mira, alcanzábamos a verlo.
Era la madrugada cuando terminó, tambien.
Traían también de Cañada de los Encinos, o sino...
era Cañada de los Encinos.
Entonces montaban en sus caballos,
la gente venía y los traían.

Los rianos venían montados.
Venían a La Huerta y los traían aquí a nosotros una semana,
entonces (estaban) ocho días con nosotros.
Bailando, ¿no?

Even if you (only have) one cow, you kill it and roast it then.
So it is, he calls them and they come.
They still have a day for the elders who have passed away,
And they still will light candles.
(When) the fourth comes here,
mourners stay home.
This is how it is here,
they carry lit candles (for) the dead people.
They went completely around in a circle like that when the candles were lit.

They always went in a circle.
Now it's been a long time (since) we were little ones,
we were like young women.
Those days are just over,
You see, we managed to see it,
It was dawn when it ended, too.

They also brought them from Oak Canyon, or else...
it was Oak Canyon.
They rode their horses then,
the people came and they just brought them.
The river tribes came on horseback.
They came then to La Huerta and brought them to us for one week,
(they were) here with us for eight days then.
They danced, didn't they?

Usiity, jmaw? Jelikuy, jmaw? Wiity ñeway ñam naam. Ñenaaty matwam ñeshintym anuuch uchaakx. Kurr ... ñewatyity neyiw yuu, ñe'ii'ima, ... ñaa chu'im uchaak, ñaa jewak jemokm pi uchaak imaatym chu'im ... ... che'ak, ñajey, ke'e? ... ipaa. Ñity shmalhy kwakulh ñewaty uchaak. Chekuuy, jmaw? Ñajeey, ipaaty, jamil uchaak piñewey. Ñaa kwalhow- chipap, sarap ñimaaty ñuchaw ñam. Ayip mattinaam, umuyuy pas. Mattwam kwash'urr, matwam kwash'urr uchaak imaaty, Jelikuy, maw? Tipey meyaay maw yuuty. Taniw pas, ñam awatt, ñaaty ñipm. Iii, kurr asuu warr. Tipey kunap ñechaw, *con* kliyeyiya.	Y tomando, ¿no? Y festejaban, ¿que no? Convivían con nosotros y luego se iban. Se iban y los traían otra vez en un año. Vinieron para que pudieran montar una distancia, te digo, cuantos días para traerlos, dos o tres (días) a traerlos aquí y cuantos para bailar ... ... ¿mujeres y señoritas, no? ... hombres. Estaban montados en burros que los traían. ¿Viejitas no? Señoritas, hombres, jóvenes traían aquí a nosotros. Muchos días- cuatro, cinco y el baile terminó pues. Llegaban descalzos, sin embargo. Cada año, cada año traían a bailar. ¿Estaban contentos, no? Estaban entre la gente, ¿no? Estaban, pero, ahora se acabó, esos días. Iii, hace mucho tiempo. La gente hablaban cuando terminó, con blancos tambien.	And they drank, didn't they? And they partied, didn't they? They lived with us and then they went. They went and in one year, they would bring them again. They came so they could ride a distance, I'm telling you, how many days to bring them here, two or three (days) to bring them here and how many to dance... ... women and girls, no? ... men. These came riding on burros that brought them. Old ladies, no? Young women, men, boys they brought here to our place. Many days- four, five and the dance was over then. They came barefoot, nevertheless. Every year, every year they brought them to dance. They were happy, no? They were among the people, no? They were, but, now it's over, these days. Iii, it's really been a while. People talked when it was done, with whites too.

Kurr kunap kenaty maaym ujap,	Antes hablaban entre sí y por eso venían y subían,	Before they spoke (to each other) and so they came up,
kliyeylyh wiity, jiku tewaty ayip jmaw ke'e,	Lo hacían con blancos, había Mexicanos y ellos venían, ¿que no?	They did it with white (people), there were Mexicans and they came, didn't they?
Ñeway mshapty ayip. Tpru'ity imaaty, maw, yuuty piya ñam matt teyakty. Ñaa kwalhaw ñewii usiity maw, wiity.	Los blancos venían a nosotros. Llenaban y bailaban, ¿que no? asi era, entonces tendidos en el suelo. Muchos días tomando algo, ¿no? Lo hacían.	The whites came to our place. They got full and they danced didn't they, like that, that lying on the ground. Many days drinking something, no? they did.
Yey umawiya!	¡Se emborrachaban también!	They got drunk too!

Sukwiñ Uxwaak	**Ollas Rotas**	**Broken Pots**

Lyepiity ñewadym,
ñaapa nesii o nekett[1] muyowx,
pkow tewa jemii ñaap.
Ñaap ntel kunesii tewaty,
tewilh tewaty ñaap lyepiity ñewam.

Ñeyowm tewaty jemii.
Ñ'iw ñekenap,
jwaño ñekenap,
naaty lyepiity piya lhyuii ñewadym[2].
"Ñamaayk ñemetey,
Ñemityx maaty,
maaty ñemity,
waty ñemity,
me'aamx,
temaamx ñemetey,
pil melyepiity ..
tipul mewas,"
ñetakwa.
"Pil maak maat guatey mekulh mewiiw,
sukwiñ ñ'iw ujwaak unaalhy,

jumu ñeway,
jpity ñeway,
jumukey ñeway,
mattwam kwalhyow wiity ñeway,

werr tjwaaks.

Piñeway matt piyi uchow,
kenaaty,

Cuando era pequeña,
mi tía o quizás era mi tía abuela,
se hizo cargo de mí mientras crecía.
Era la tía de mi mamá,
ya era una viejita cuando yo era pequeña.
Ella me agarró y me crió.
Ella me dijó cosas,
me contó historias,
yo era pequeña como ésta.
"Después cuando seas grande,
serás diferente,
eres diferente,
las casas son diferentes,
a medida que avances,
mientras vayan creciendo,
ahora estás chica ..
eres una pobrecita pequeñita,"
ella me dijo.
"Ahora cuando subes los cerros ves,

ollas rotas y cosas que se han caído,

hay morteros,
hay metates,
hay unos morteros muy grandes,
dicen que ha estado ahí por mucho tiempo,
fuertes y rotos.

Aquí están hechos de esta tierra,
y es por eso que,

When I was little,
my aunt or great-aunt maybe it was,
she took care of me as I grew up.
She was my mother's aunt,
she was an elder when I was little.

She took me and raised me.
She told me things,
she told me stories,
I was little like this one.
"Later when you are big,
you will be different,
you are different,
houses are different,
as you go along,
as you all are growing up,
now you are little ..
you're a poor little thing,"
she told me.
"Now as you go climb mountains you see,
broken pots and things that have fallen,
there are grinding rocks,
there are metates,
there are big grinding rocks,
for many years they say they have been there,
strong and broken.

Here they are made of this land here,
and that's why,

sperr warr jmerr," wiity. Ñakorrlhy tipey, ñakorrlhy kuyakty, ñip ... ñesukwiñ 'amnatt. Uchow ñewiity. Atiim 'amnatt uchow ñewiity, tjel 'amnatt uchow, jemñaw, uchowty ... jemñaw. Saaw pii kuyak matt jemii usaaw. Ja tayim usiity, ja yiiw. Taniw, tenaam pu ñeway, pii ñeway, teñeway. Ñaa ñelhyap, maay, matt guatay jwiiw naalhy ñeway, ñaa ñalhap neyiw... piya ñam jasilh naaty. Ñ'iw stumey chepam jichorrm usowty. Pil kwiyak lhyuii maw," u'iity. Kenap. Ñewaty, yuup chimal ñewaty.. sukwiñ jwatt jwak, sukwiñ, uh... matt jwak lhyuii, m'ey ñeway. Sukwiñ pil matt mewiiwx,	están todavía muy fuertes," así dijo. La gente de antes, los que estuvieron aquí antes, estas...eran sus propias ollas. Ellos hacían lo que tenían. Cuando tenían arcos (era porque) ellos los hacían, hacían su propia ropa, y zapatos, ellos hacían...zapatos. Ellos comían la comida que está aquí y que crece en la tierra. Cualquier agua que tomaran, (era de) un aguaje. Ellos andaban juntos, iban para allá, andaban por acá, así andaban. En los días cuando hace calor, allá arriba, se iban a las montañas entre los pinos y ahí vivían, y cuando los días eran calientes ellos venían... aquí y después se iban hacia el océano. Ellos recolectaban cosas y las guardaban para comérselas en el invierno. Ahora no es así," dijo. Ella me dijo. Nosotros, nosotros somos un poco (como) las ollas de barro rotas, como ollas ... rotas en el piso, es donde estamos. Estas ollas que ves aquí en el suelo,	they are still very strong," she said. People in the past, those who were here in the past, these ... were their own pots. They made what they had. When they had bows they made their own, they made their own clothing, and shoes, they made ... shoes. They ate food that is here and grows on the land. Whatever water they drank, (came from) a spring. They were together, and they went there, and they were here, they were. On days when it's hot, up there, they went to the mountains and lived among the piñons, and when days were hot they came ... here and then they went to the ocean. They looked for things and saved them to eat in the winter. Now it's not like that," she said. She told me. We are, we are a little bit .. (like) broken clay pots, like pots ... broken on the ground, is where we are. These pots you see here on the ground,

sukwiñ jwaakm,
unalhy,
naa tumulh korr,
naa neyiw,
kwashin ñeway jmerr.
Matt piyi, simulh uchow kenaaty,

ñeways,"
u'iity.
"Me'am ñewaty payuup lhyuii,

pil," wiity.
"Ñemaalhy[3] ... lhtyjtii warr muyowx pilhy,
'maay waam'[4] wiity ñewaty.
Mewiiw ñekorr yakty pi,

pil naam ajkay,
tipey ñekorr kwiyakty.
Pii taniiw...
ñewiity umalhy,
umaayk umalhy[5],
ñ'iw chumalhy,
pil ñewaty,
ñemiity,
Jiku mayaay,
wa kwamaaylhy naaty,
maaty, naaty 'uys," wi.
Naaty, jiku 'uyaw maw,
umalh uyaw maw,
ñekorr che'akty,
umalh chuyowx maw.
Wa kwamaay ñejapx maw teñeway.
Ipaaty kwashin ñam ñejap teñeway,

ollas rotas,
se cayeron,
fueron y rodaron lejos,
fueron y vinieron,
son todavía las mismas.
Moldeadas con esta tierra de aquí y es por eso,
allí están,"
dijo.
"Donde sea que estemos somos los mismos,
ahora," dijo.
"Cuando van juntos ... puede ser muy difícil aquí,
'es fácil,' decimos.
Ven a los que estuvieron aquí hace mucho tiempo,
ahora ellos han cruzado,
la gente que estuvo aquí hace mucho.
Aquí estaban...
nos dijeron que escribieron,
escribieron por encima,
escribieron cosas,
ahora nosotros,
es diferente,
junto con los Mexicanos,
(la gente) va a la escuela,
tú, yo no", dijó ella.
Yo, yo no sé español,
yo no sé escribir,
en el pasado las mujeres,
no aprendían a escribir.
Ellas no fueron a la escuela.
Antes sólo iban los hombres,"

broken pots,
they fell,
they went and they rolled far,
they came and they went,
they are still the same.
Molded from this earth here and that's why,
they are there,
she said.
"Wherever we are so we are the same,

now," she said.
"When you go together ... it might be very difficult here,
'it's easy,' we say.
You see the ones who were here long ago,
now they have crossed over,
the people who were here long ago.
They were here ...
they tell us they wrote,
up above they wrote,
they wrote things,
now we,
it's different,
together with the Mexicans,
(people) go to school,
you, not me", she said.
Me, I don't know Spanish,
I don't know how to write,
in the past the women,
did not learn to write.
They didn't go to school.
Only men went then,"

wiity. Ñaap suum, chamaay ñejap teñeway, ipaaty kenaaty, naaty che'ak kenaaty wa kwamaay ñ'aax maw. Wa umalh ñewa 'japx maw kenaaty, umalh maleys" uwiity. Ñ'aak wiity kenap, cha'yow uyak, ñimaaty, imaaty, samalh ñ'iw ulhyuulhy usiity. "Ñip usiity teñeway Tipey ñekorr yak, *Tipey* yakty," wiity. "Piyalh meñewaty," kenap. Naaty lyepiity tewa, jwaño ñekenap, ñ'iw pjow ñekenap, ñechkuyowty, chu'iiske ... chamaay chuyaw, i'iip. Ñ'iw chamlh 'iip tapaa. Wiity kenap kwajaanlyh wii, naaty 'wiiw, jiku 'wiiw, jiku kwiyakty, pil matt guatey naa, matt guatey naa ukuulh uwiiw,	dijo. Mis hermanos menores, y mayores entraron (a la escuela), porque eran hombres, yo soy mujer, por eso no me llevaron a la escuela. Yo no fui a la escuela y fue por eso, yo no sé leer," dijo. Ella me dijo y hablaba de eso, hay cantos, sus danzas, ellos danzaban, hervían y tomaban hierbas y cosas. "La gente hace mucho se tomaba eso, eran *los indios*," dijo. Ustedes están aquí todos juntos," (me) dijo. Yo era chica, me contaba historias, me hablaba sobre la creación y las cosas, ella me enseñaba, cómo podía decir... (sus) hermanos mayores cantaban y yo los escuchaba. Yo escuchaba todo. Lo que me dijo me lo dijo bien, veo, veo mexicanos, los mexicanos que están aquí, ahora vamos hacia las montañas, vamos escalando las montañas y uno ve,	she said. My younger brothers, and older brothers went (to school), because they were men, I'm a woman and that's why they didn't take me to school. I didn't go to school and that's why, I don't know how to read," she said. She told me and she talked about, there are songs, their dances, they danced, they boiled and drank herbs and things. "The people long ago were drinking this, they were *Indians*," she said. "You are all here together," she told (me). I was little, she told me stories, she told me about creation and things, She taught me, how can I say... (her) older brothers sang and I listened to them. I listened to everything. What she told me she told me well, I see, I see Mexicans, the Mexicans that are here, now we go into the mountains, we go climb mountains and one sees,

sukwiñ matt jwaak unalh ñeway,	hay ollas rotas tiradas en el suelo,	there are broken pots fallen on the ground,
jiku chupeyx maw.	los mexicanos no se dan cuenta.	Mexicans don't notice (them).
Ñewaty jiku mayaay naaty,	Vamos junto con los mexicanos,	We go together with the Mexicans,
kutuuty kurr cho'ott.	ellos las patean y las avientan,	they kick them and throw them away,
tumulhpu naapu,	ruedan ahí y van para allá,	they roll and go there,
neyiw,	y vienen,	and they come,
ñeway .. sperr jmerr.	ellas son...todavía son fuertes.	they are .. are still strong.
Ñewaty payuup.	Nosotros somos así.	We are like that.
M'ey naaty,	A donde sea que vamos,	Wherever we go,
jiku jalhy chuyowty,	los mexicanos nos dicen mentiras,	Mexicans tell us lies,
ñ'iw ñewiityx,	que nos darán cosas,	they will give us things,
ñ'iw ñeraarx.	que nos harán cosas.	will make us things.
Wa ñewiity wiity,	Ellos dicen que nos darán casas,	They say they will give us houses,
ñ'iw ñewiity,	que nos darán cosas,	they will give us things,
ñewaty wiip.	y nosotros escuchamos.	and we listen.
'Aa lyhiit ñ'aap,	Nos maldicen,	They curse at us,
matt chuñup,	luchan por la tierra,	they fight over the land,
lhytii warr,	es muy difícil,	it's really difficult,
jiku pil teñeway.	los mexicanos están aquí ahora.	Mexicans are here now.
ñip, ñip uyawx,	esto, ella sabía esto,	this, she knew this,
kenaaty,	y por eso es que,	and that's why,
ñ'aak ñetakwa,	ella me contó y me habló,	she told me and she talked to me,
jmawdym.	verdad.	didn't she.
'Uyaw tewaty jemii sperr,	Yo aprendí y crecí fuerte,	I learned and I grew up strong,
tey.	y grande.	and big.
Piñeway jmerr,	Nosotros todavía estamos aquí,	We are still here,
sukwiñ jwaak lhyuii,	como ollas rotas,	like broken pots,
pu naa pi neyiw,	yendo para allá y viniendo para acá,	going there and coming here,
naalhy ñekutux maw,	vamos entre ellos y ellos no nos patean,	we go among them and they don't kick us,
'aa lhyiity ñ'aapty,	(pero) ellos nos maldicen,	(but) they curse at us,
supiip jiku wiip,	los mexicanos dicen que nos odian,	the Mexicans say they hate (us),
piñeway,	(pero) aquí estamos,	(but) here we are,

sperr jmerr, chupeyx maw, piñeway ñewaty, jiku mayaay. Pi jekwalh jiku yak jemii, 'aa chimelay, Tipey 'aa chimelay. Jiku mayay, yuuty jiku. Jiku mayaayty, me'am ñeyemelh, matt pi teñeway, matt pi yak, ñam matt pi jemii, kenaaty sperr tipey Kumiai, piñeway jmerr ñewaty. ... Jiku wiity, mayaay pil, kenaaty jekwalh pi teñeway jiku, jiku kwashin, Tipey 'aa chimelay, 'aa takwax maw. Ñewaty chkuyaw yuuty piñeway, iñayk waña, maak wañaxm[6], jecheñ kwiyowty 'aa uyaw, muyowx, umuyowx, lyepiity chow uyawx. U'iip lhyemalty, piya ñam pi'ii, awaaty.	todavía fuertes, a nosotros no nos importa, aquí estamos, junto con los mexicanos. Aquí los niños crecen en México, no saben la lengua, no conocen la lengua Tipey. Entre los mexicanos, son mexicanos. Junto con los mexicanos, a donde quiera que vayan, están en esta tierra de aquí, están aquí en esta tierra, ellos solo crecen aquí, es por esto que somos gente kumiai fuerte, aún estamos aquí. ... Los mexicanos dicen, que nos hemos mezclado ahora, por eso los niños son ahora mexicanos, igual que los mexicanos, ellos no conocen la lengua Tipey, ellos no hablan la lengua. Les estamos enseñando aquí, para mañana, y para el futuro, (esta) niña que está aprendiendo la lengua, tal vez, o tal vez no, ella sabrá un poquito. Escuchan la mitad, entonces esto es lo que estoy diciendo aquí, hasta aquí.	still strong, we don't care, here we are, together with the Mexicans. Here kids grow up in Mexico, they don't know the language, they don't know Tipey language. Among the Mexicans, they are Mexican. Together with the Mexicans, wherever they go, they are on this land here, they're here in this land, they just grow up here, that's why we are strong Kumiai people, we are still here. ... Mexicans say, (we are) mixed now, that's why kids here are Mexican, same as Mexicans, they don't know Tipey language, they don't speak the language. We are teaching them here, for tomorrow, and for the future, (this) girl who is learning the language, maybe, or maybe not, she will know a little. They hear the half of it, so then this I'm saying here, is done.

Endnotes

Los Gemelos del Mar/The Twins from the Sea

1. The elder twin; el mayor
2. i.e. the younger twin; el gemelo menor
3. dijó el menor; said the younger

Esta Tierra Aquí/ This Land Here

1. Lit. "soft belly"/vientre blando. Another name for cricket is *jakwalh uliil* "it sings a lullabye"/Otra nombre para grillo es "canta una canción de cuna."
2. this is an onomatopoeic sound/es un sonido onomatopeyicó.
3. sound of lizard running/sonido de una cachora corriendo.
4. their father is a red-headed buzzard/ su padre es un zopilote.
5. Buzzards eat doves. Zopilotes comen palomas.
6. hitting with a stick, pegandole con un palo
7. mother's elder sister/ hermana mayor de la madre
8. the mother's eldest sister traditionally takes charge of the firstborn/la hermana mayor de la madre tradicionalmente se encarga del primogénito.
9. the "land here", in this case is Baja California, which is a peninsula separated from mainland Mexico, where apparently the events of this story took place. This story is shared by several Uto-Aztecan groups as well (the "flute lure myth")./ la "tierra aquí" en este caso es baja California, que es una península separada de la parte continental de México, donde al parecer los acontecimientos de esta historia se llevó a cabo. Este cuento es compartida por varios grupos de la familia de lenguas Uto-Azteca.
10. traditional basket hat/gorra de canasta tradicional

El Rescate de Kuri Kuri/ The Rescue of Kuri Kuri

1. a line/una fila
2. "Kuri kuri" is the term for fiesta/quiere decir "fiesta". "Kurriiw" means "dance arm in arm"/quiere decir "baile brazo en brazo."
3. One jumps when dancing to "bird songs"/gente salta bailando con estas canciones.
4. "came out" or was invented by Coyote/era inventó por Coyote.

Sapo Enamorado/ Frog in Love

1. lit. "bent spine", uno que camina doblado.

Gato Montes/ Wildcat

1. referring to the custom of cutting one's hair in mourning; refiriéndose a la costumbre de cortarse el cabello en el luto.
2. ie, wildcat is not like coyote. ie, el gato montés no es como el coyote.

Eclipse

1. Paternal
2. ie, he was violating her; la estaba violando
3. the devil eats babies; el diablo come las bébés
4. ie, mujeres embarazadas se quedan en sus casas. Pregnant women stay in their houses.

El Cuatro de Octubre/ The Fourth of October

1. Feast day of Saint Francis; Día de San Francisco
2. lit. "the one who has gone", "el que se ha ido"
3. ie you might be afraid; puede ser que tienes miedo
4. ie, brought people, traían gente
5. ie, Quechan and Cocopa from the Colorado river delta; los Quechanes y Cucapás del Rio Colorado
6. Xtaa, "Reeds" is the traditional name for La Huerta/Xtaa "Carrizo" es la nombre tradicional de La Huerta.

Ollas Rotas/ Broken Pots

1. Emilia Meza's great-aunt was Genoveva Calles Cuero; Genoveva Calles Cuero era la tia abuela de Emilia Meza.
2. Referring to her granddaughter; refieréndose a su nieta.
3. Together with Mexican culture; juntos con la cultura Mexicana.
4. Lit. "I'm walking uphill," "estoy caminando por arriba."
5. i.e., in petroglyphs, en petroglifos.
6. "down the road," "por el camino."